나쁜 감정을
삶의 무기로 바꾸는 기술

불안, 분노, 질투 같은 숨기고 싶은 감정을
경쟁력으로 만드는 46가지 심리술

나쁜 감정을
삶의 무기로
바꾸는 기술

나이토 요시히토 지음 | 박재영 옮김

갤리온
GALLION

'위기'라고 생각한 순간이 '기회'가 된다!

　우리는 누구나 부정적인 감정을 느끼며 살아간다. 미래를 걱정하고, 실패를 두려워하며, 비겁한 사람에게 분노한다. 억울한 일을 당했을 때는 분통을 터트리고 복수심에 이를 간다.

　나는 이런 감정들을 '나쁜 감정'이라고 부른다. 사실 그 감정 자체가 나쁜 것은 아니지만, 감정을 느끼는 당사자의 입장에서 보면 '나쁜' 상황에 처했을 때 일었던 감정인 것은 맞는 셈이니 말이다.

　나쁜 감정은 이른바 마음의 '경보 장치' 같은 역할을 한다. 과거의 쓰라린 경험을 떠오르게 해서 현재의 상황이 위험

하다고 알려주는 것이다. '조심해', '당하기만 해서는 안 돼'
라고 조언해주는 친구라고 생각해도 좋다.

우리는 그 덕분에 좀 더 신중하고 주의 깊게 상대방을 대
할 수 있으며, 정신적으로나 육체적으로 피해 입을 가능성
을 월등히 줄일 수 있다.

살다 보면 '남을 믿어야 한다', '적극적으로 행동하라',
'솔직함이 최고다', '분명 잘될 것이다'와 같은 조언들을 정
말 많이 듣게 된다. 하지만 그런 조언 따위는 먹히지 않는,
긍정적인 사고만으로는 절대 극복할 수 없는 혹독한 상황
을 당신도 이미 많이 경험했을 것이다.

단언컨대, 긍정적인 생각만으로 세상을 살아가려는 태도
는 위험하다. 그렇게 행동하다 보면 교활한 사람들에게 딱
좋은 먹잇감으로 이용당하며 점점 지쳐갈 뿐이다. 그러니
이제부터는 긍정적인 조언보다 나쁜 감정에 더욱 귀 기울
여야 할 때다.

나쁜 감정이 주는 비밀스러운 혜택

나는 나쁜 감정을 쉽게 느끼는 사람일수록, 매사에 피상적인 면만 보고 좋다고 판단하는 '착하기만 하고 멍청한' 사람이 되지 않을 수 있다고 생각한다. 오히려 나쁜 감정이 제 역할을 톡톡히 해내기 때문에 상대방의 속마음도 눈치채기 쉽고, 신중하고 절도 있게 행동할 수 있다. 인간관계에서도 나쁜 감정에 귀 기울이는 태도는 매우 플러스 요인으로 작용한다.

이 책에서는 다양한 실험 데이터를 바탕으로 여러 각도에서 나쁜 감정의 긍정적인 측면을 소개하고 이것이 우리 생활에 어떤 이점을 주는지 설명한다.

이를테면 불안을 쉽게 느끼는 사람일수록 상대방을 배려하는 능력이 뛰어나고, 대화에 능숙하다는 사실을 알 수 있다. 또한 질투가 심한 사람은 애정 표현을 풍부하게 하고, 결혼에 빨리 성공한다는 데이터도 있다. 죄책감이 강한 사람은 좋은 선배이자 상사, 부모이다. 이런 사람들은 주위 사람들을 행복하게 하는 재능을 숨기고 있다.

나쁜 감정 중에서 특히 강력한 무기를 숨기고 있는 것은 분노, 혐오, 복수심이다.

그중 하나인 분노에 대해 잠깐 살펴보자면, 걸핏하면 화를 내는 사람은 사실은 의욕적인 경우가 많고, 어떤 업종에서든지 성공할 가능성이 높다. 분노는 매사를 끈기 있게 해내는 힘을 만드는 원동력이 될 수 있다. 물론 이런 감정은 분노뿐만이 아니다.

부정적인 감정은 현재 상황에 변화를 일으키고 인생을 오름세로 바꾸는 데에도 커다란 영향을 미친다. 숨기고 싶고 없애야 한다고 생각했던 나쁜 감정이 알고 보니 우리를 남몰래 도와주는 일꾼이었던 셈이다.

자신의 감정을 부정하지 마라

독자 여러분에게 한 가지 부탁하고 싶은 것이 있다. 책을 덮고 나면 반드시 나쁜 감정을 재평가해서 일상생활에 활용하기를 권한다. 그러기 위해서라도 나쁜 감정을 품은 자신을 부정하거나 비하하지 말기 바란다.

"저는 정말로 툭하면 화를 내는 성격이에요. 그런 제 자신이 너무 싫어요."

"저는 심하게 소심한 탓에 낯선 사람 앞에서는 한 마디도 못 합니다. 어떻게 고칠 수 있을까요?"

"저는 늘 비관적으로 생각해요. 긍정적인 성격으로 다시 태어나고 싶어요!"

이런 식으로 생각한다면 정말 안타깝다. 독자 여러분에게 이러한 고민이 있다면 아래와 같이 대답해주고 싶다.

"전혀 걱정하지 않아도 됩니다. 당신은 아무것도 바꿀 필요 없어요. 일단 당신이 느끼는 그 나쁜 감정을 부정하지 말고 받아들이세요. 그것만으로도 무한한 힘을 얻을 수 있을 테니까요!"

다시 한 번 말하지만 화를 잘 내거나 겁쟁이거나 불안감을 자주 느끼는 것은 매우 축복받은 일이다. 자랑스럽게 여겨야 할 정도로 말이다.

무기로 바꾸는 요령을 터득하자

부정적으로 생각되는 감정일지라도, 다른 관점에서 보면 매우 중요한 역할을 하고 있었다는 사실을 이 책을 통해 말하고 싶다.

이 책의 제목을 다시 한 번 잘 살펴보기를 바란다.
'나쁜 감정을 없애는 방법'이 아니다.
'기분 나쁜 감정들을 제거하는 방법'도 아니다.
'나쁜 감정을 삶의 무기로 바꾸는 기술'이다.

나쁜 감정은 애초에 없앨 수도 없고, 없애야 할 것도 아니다. 오히려 인간에게 유용한 감정이다.

그렇다면 어떻게 나쁜 감정을 삶의 무기로 바꿀 것인가?
이 책의 목적은 그 방법에 대해 진지하게 생각하는 것이다. 잘 활용하는 요령만 터득하면 나쁜 감정은 언제든지 기꺼이 당신에게 도움을 줄 것이다. 이제부터라도 나쁜 감정의 커다란 혜택을 제대로 누리길 바란다.

책을 다 읽을 즈음에는 자신의 마음에 매우 믿음직스러운 조력자가 있다는 사실을 깨닫고 자신감이 솟아날 것이다. 부디 나쁜 감정의 장점을 이해하고, 자신의 능력을 재인식하는 기회로 삼길 바란다. 아무쪼록 끝까지 잘 읽어주길.

3월의 어느 좋은 날,

나이토 요시히토

2부 나쁜 감정을 삶의 무기로 바꾸는 기술

1장 불안감이 당신을 움직이게 한다

4장　비관적인 사람일수록 위기 상황에 강하다!

5장 콤플렉스를 역으로 이용하는 처세술

6장 상처가 되어버린 트라우마 활용법

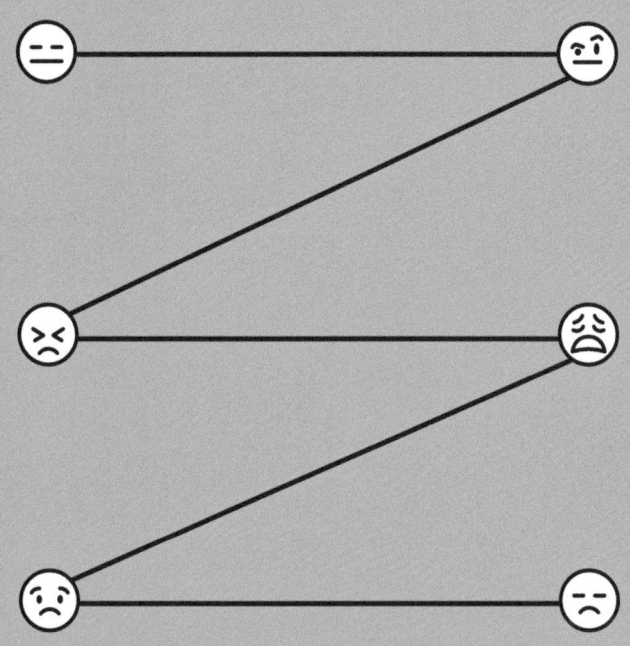

'나쁜 감정'이라는 무기

'나쁜 감정'이야말로
당신의 경쟁력이다

누구나 마음속에
나쁜 감정을 숨기고 산다

'저 사람 진짜 약았네.'

'아, 짜증나.'

'그렇게 잘난 체하더니, 꼴좋다!'

하루에도 몇 번씩 마음속에서 나쁜 감정이 소용돌이친
다. 살아가면서 느끼는 부정적인 감정은 셀 수 없을 정도로
많다. 예를 들어 불안, 불쾌감, 긴장, 죄책감, 비관적 시각,
두려움, 복수심 등이 있으며 일일이 헤아리자면 하룻밤을
꼬박 셀 수도 있다.

언뜻 보면 온화해 보이거나 누구에게나 친절해 보이는
사람이라고 해도 똑같다. 아니, 오히려 인간이라면 나쁜 감
정을 갖고 있는 것이 당연한 일이다.

그런데 우리는 지금까지 이런 감정들은 몸과 마음에 해가 되며 감추고 숨겨야 한다고 배워왔다. 인간이라면 당연히 느끼는 감정이지만 부정적이라는 이유로 그런 감정을 느끼는 것 자체를 금기시하게 되는 것이다.

정말로 안타까운 일이다. 나쁜 감정은 그 활용법만 제대로 알고 있다면 인생의 터닝 포인트가 될 가능성을 숨기고 있기 때문이다.

나쁜 감정은 대체로 지독한 꼴을 당할 뻔할 때 솟아난다. 무례한 사람을 만나거나, 불합리한 일을 당하거나, 자신에게 손해가 생기거나 하는 등 위기 상황에 놓였을 때 우리는 누구나 '나쁜 감정'을 느끼게 된다.

이대로는 가만히 있을 수 없다며 당신을 움직이게 만드는 것이 바로 이 나쁜 감정이다. 이때 인간은 놀라울 정도로 집요하고 강해진다. 그래서 나쁜 감정은 앞으로의 인생을 바꿀 '기회'이자, 당신의 경쟁력을 높여줄 '삶의 무기'가 된다.

최근 들어야 비로소 부정적인 감정도 제대로 된 평가를

받기 시작했다. 평정심을 유지하거나 환경에 적응할 때 이런 감정들이 매우 중요한 역할을 한다는 연구 결과가 발표된 것이다.

숨기고, 감추고, 없애야 했던 '나쁜 감정'이 알고 보니 우리를 남몰래 도와주는 일꾼이었다는 사실이 드디어 세상에 드러났다.

Check!

모든 감정은 저마다의 역할이 있다.

위기를 기회로 만드는
나쁜 감정의 힘

나쁜 감정은 당신을 해치기 위해 존재하는 것이 아니다. 오히려 그 반대다. 그렇기에 나쁜 감정이 솟아날 때도 전혀 적대시하거나 두려워할 필요가 없다. 아무쪼록 나쁜 감정을 외면하거나 부정하지 말기 바란다. 나쁜 감정은 당신에게 절대적인 도움을 주는 존재이기 때문이다.

위기에 직면했을 때, 우리는 그 상황에서 벗어나기 위해서 자신의 한계를 뛰어넘는 힘을 발휘한다. 그리고 이런 현상은 몸은 물론 마음에도 적용된다.

마음의 평화가 깨지거나 실제로 자신의 안위에 위협이 가해지는 순간, 나쁜 감정은 솟아난다. 하지만 앞서 말했듯이 그 덕분에 의욕이 생겨서 '이대로는 안 돼!', '이 문제를 해결해야 해' 같은 마음을 먹게 된다. 이전의 자신과는 비교도 안 될 정도로 강력한 끈기가 생기고 더욱 용감해질 수 있다.

나쁜 감정은 당신의 강력한 무기다

불안을 느끼는 것은 '행운'이다.
불안을 해결하기 위해서 두뇌가 계속 움직이기 때문이다.

분노가 끓어오르면 '환영'한다.
끈기 있게 행동할 수 있는 의욕이 생기기 때문이다.

죄책감이 솟아나면 '고맙게' 생각한다.
남에게 민폐를 끼치지 않고 행동하는 자조 정신이 자라기 때문이다.

비관적인 생각이 든다면 '다행'이다.
어떤 상황에서든지 현재에 안주하지 않고 미래를 철저히 대비할 수 있다.

나쁜 감정을 인정하고 받아들이는 순간, 마음속의 안개가 걷히고 가벼워질 것이다. 그러니 부디 나쁜 감정을 무턱대고 싫어하지 말고 믿음직한 파트너로 받아들여서 느긋하게 어울리길 바란다.

당신은 생각보다
강한 사람이다

일반적으로 사람은 스트레스에 취약하고 일생 동안 적어도 한 가지 이상의 트라우마로 고민하는 존재라고 여겨진다. 그러나 《슬픔 뒤에 오는 것들》의 저자이자 미국 컬럼비아대학교의 조지 보나노George A. Bonanno 교수의 말에 따르면 우리의 마음은 매우 강한 '내성'을 지니고 있으며 그리 쉽게 스트레스에 굴하지 않는다고 한다.

예를 들어 모르는 사람에게 욕을 한번 먹었다고 해서 그 즉시 죽고 싶어지는가? 보통은 그냥 미친 사람이거니 하고 만다. 아니면 부모에게 꿀밤을 맞았다고 해서 그 일이 트라우마가 되는가? 당연히 그렇지 않다.

조지 보나노는 인간은 절대 그 정도로 나약하지 않다고

분석했다. 우리 마음속의 내성은 우리가 생각하는 것보다 훨씬 더 강하다는 것이다. 스스로는 그것을 깨닫지 못할 뿐이다.

당신의 마음속 고민이 얼마나 지속된다고 생각하는가?

위의 질문에 대부분의 사람들이 그 일수를 지나치게 높게 추정한다. 그중에는 '평생 지속된다'라고 대답하는 사람도 있다. 그러나 사실 대부분의 고민은 이삼일만 지나면 해결될 일이다. 한 달이나 지속되지는 않는 경우가 허다하다.

물론 일이 터진 직후에는 마음이 동요하거나 장래를 비관할지도 모른다. 이 마음의 통증이 영원히 해결되지 않고 쭉 이어질 것이라고 생각할 수도 있다. 그렇지만 현실적으로는 며칠, 길어도 한 달이 지나면 대부분은 잊어버린다. 다시 한 번 말하지만, 우리 마음속의 통증에 대한 내성은 매우 강력하다.

우리는 통증에 관해 과장해서 생각한다. 그래서는 작은 가시에 손을 찔렸다고 울어대는 아이와 똑같을 뿐이다. 사람은 가시에 손을 찔린 정도로 죽지 않는다.

마음의 통증도 마찬가지라서 대부분의 사람들이 하는 걱정과 고민도 실제로는 하룻밤만 지나면 해결되는 정도에 불과하다. 과장해서 생각하지 않으면 대부분의 고민은 며칠 내로 사라진다.

우리의 마음은 그리 쉽게 망가지도록 만들어지지 않았다. 사소한 고민은 쉽게 튕겨낼 만한 힘을 지니고 있다.

내가 당신의 심각한 고민을 아무렇지도 않게 말한다고 해서 섭섭한가? '아냐, 내 고민은 진짜 심각하다고! 알지도 못하면서……'라고 생각하고 있는가?

절대 당신의 고민을 가볍게 볼 생각은 없다.

다만 내가 얘기해주고 싶은 것은, 당신은 자신이 생각하는 것보다 훨씬 강한 사람이라는 사실이다. 눈앞의 고민이나 걱정 따위는 훌훌 날려버릴 정도로 말이다.

대부분의 고민은 하룻밤이 지나면 사라지거나 해결된다

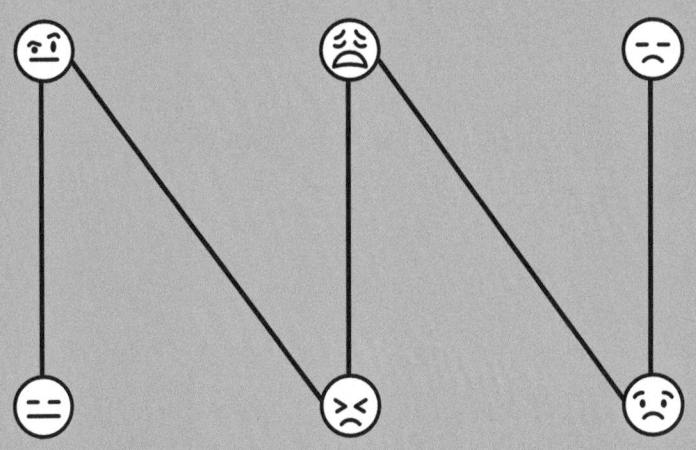

나쁜 감정을
삶의 무기로 바꾸는
기술

1장

불안감이 당신을 움직이게 한다

나쁜 감정,
내 삶의 원동력이 되어줘

나쁜 감정은 어린아이와 같다. 울어대는 세 살짜리 아이를 떠올려보길 바란다. 아이가 하는 말을 다짜고짜 부정하거나 화를 낸다면 일은 더욱 귀찮게 꼬여버릴 것이다.

나쁜 감정도 마찬가지다. 불쾌하다고, 긍정적이지 못하다고, 나쁜 사람이 된 것 같다고 여겨 거부하면 할수록 스트레스를 받아서 마음의 짐이 되고 만다. 그러니 나쁜 감정이 솟아나면 먼저 그 존재를 인정해 보도록 하자.

누구에게나 불쑥 불안감이 찾아올 때가 있다. 그럴 때면 그냥 '아, 지금 내가 불안하구나'라며 감정을 받아들이면 된다. 그러면 불안한 마음이 더 이상 커지지 않을 뿐만 아니라 우리의 마음과 행동에 어떤 변화가 일어난다. 위기를 피하기 위해서 여러 가지를 깨닫도록 재촉하거나 행동에 옮길 수 있도록 불안이 당신의 등을 밀어준다.

예를 들어 모르는 사람을 처음 만나거나 새로운 일을 맡으면 약간은 불안을 느끼지 않는가?

얘기가 잘 통할까, 또는 프로젝트를 망치지는 않을까, 온갖 생각이 머릿속에 떠오르기 때문이다. 하지만 결론적으로 말하자면 당신은 이 '불안' 덕분에 최악의 사태를 면하게 될 것이다.

불안을 느낄 때 우리는 어떻게 행동할까?

대개는 불안을 떨쳐버리려고 이것저것 최적의 방법을 떠올린다. 여러 가지 경우의 수를 생각해본 뒤, 지금 자신이 할 수 있는 행동을 찾아 실행에 옮기고 결국에는 바람직한 성과를 불러올 수 있게 된다.

반대로 불안을 느끼지 않는다면 어떻게 될까?

낙관적인 생각으로 아무 대비도 없이 무작정 일을 진행해서 신용을 잃을 것이 뻔하다. 위험 요소를 파악하지 않은 상태로 일에 뛰어든다면 실패는 불 보듯 뻔하다. 그런 의미에서 불안을 느끼면 더욱 철저하게 미래를 대비하고 노력하게 된다고 할 수 있겠다.

이렇게 나쁜 감정이 훌륭한 원동력이 되는 순간은 불안할 때뿐만이 아니다. 실패해서 실의에 빠지거나, 두려움을 느끼거나, 비관적일 때나, 분노나 증오를 느낄 때도 마찬가지다.

위기 상황에서 솟아나는 이러한 감정 덕분에 머릿속이 깨끗하게 정리되어 마음속에서 의욕이 생긴다. '이대로는 안 돼', '어떻게든 해야 해'라고 느껴서 현 상황을 타개할 방법을 찾게 된다.

위기 상황에서 괴력 같은 힘이 솟아나 상황을 멋지게 해결하는 사례는 너무나도 많아서 일일이 말할 수도 없다. 나쁜 감정 덕분에 우리 안에 숨어 있던 용기가 눈을 뜬다고 해도 좋다.

나쁜 감정을 삶의 무기로 바꾸는 기술

인정하면 더 이상
커지지 않는 불안의 비밀

'늘 무언가가 불안해서 참을 수 없다'라고 느끼는 사람에게 좋은 소식이 있다.

이런 사람들은 불안감을 덜 느끼는 사람에 비해 더 빨리 위험을 감지하고 온갖 위기에 대처할 수 있다는 사실이다. 반대로 '어떻게든 되겠지'라며 느긋하게 있는 사람은 다가올 사태에 대처하지 못해서 당황하기 마련이다.

불안을 느낀다는 것은 다른 사람보다 미래를 더 철저히 대비할 수 있는 축복받은 '능력'이다.

게다가 불안 덕분에 당신은 남보다 먼저 행동할 수 있다. 그러니까 이를 좀 더 자랑해도 좋다.

그렇다고 해서 언제까지고 불안을 가만둘 수는 없다. 불안이 한없이 커지면 불안증이라는 병에 걸릴 수도 있으므로 주의해야 한다.

불안을 '다가올 위기에 대처하기 위한 신호'라고 파악하고 잽싸게 행동해보자. 끙끙 앓을 필요는 없다.

그럼 지금부터 불안의 장점과 불안이 당신에게 미치는 영향에 대해 자세하게 살펴보겠다.

미국 브리검영대학교의 리 톰 페리Lee Tom Perry 박사는 제2차 세계대전 이후 급성장을 이룬 기업들에 대해 연구했다. 그의 조사에 따르면 동양권의 기업들이 전쟁 이후 급성장을 이룬 경우가 많았는데 이는 '동양인이 서양인에 비해 불안을 쉽게 느끼는 성향'이 있기 때문이라고 한다. 그러니 이러한 문화적 특징은 동양인의 강점이라는 것이다. 이게 대체 무슨 뜻일까?

미래에 대해 불안을 느끼지 않는 사람은 현재에 안주하게 된다. 지금 상태에서 아무런 행동을 하지 않는 것이다. 불안감이나 위기의식이 없기 때문에 특별히 행동을 할 필요성도 느끼지 않는다.

그러나 불안한 사람은 다르다. 불안한 사람은 지금 이 순간이 안정적인 상황일 때에도 '지금 이 상태는 오래가지 않을 것'이라며 불안을 느끼고, 그 불안을 없애기 위해서 미래에 대한 만반의 준비를 한다. 철저한 준비를 통해 불안감을 없애려고 하는 것이다.

불안감을 떨쳐내기 위해 공들여 미래를 준비한 기업이 시장에서 강한 것은 당연하다. 전쟁 후의 경영자들은 회사의 실적이 조금 좋아져도 '이걸로 충분하다'라고 안심하지 않았다. '어떻게 될지 몰라⋯⋯'라는 불안이 마음속에 언제나 자리 잡고 있었기에 아무리 순조로운 상황일지라도 대충대충 일하지 않았다.

결국 불안을 '행동 에너지'로 활용한 것이다.

이렇듯 사람은 불안을 느끼기 때문에 그 불안을 떨쳐내려고 행동한다. 그런 의미에서 불안이야말로 행동 에너지라고 할 수 있다. 미래에 대한 불안은 선수를 쳐서 행동하기 위한 에너지원이 될 수 있다.

위기의식 덕분에
뇌를 더 활용할 수 있다

불안을 잘 느끼는 사람은 기억력이 매우 뛰어나다.

그들은 무언가를 잊어버릴까 봐 끊임없이 두려워하기 때문에 더 많은 정보를 뇌에 저장한다. 우리의 뇌는 불안을 느낄 때 더욱 확실히 뇌에 정보를 주입하게 되는데, 결국 불안감 덕분에 정보를 잊어버리지 않게 되는 셈이다.

불안을 쉽게 느끼는 사람은 상대방의 이름을 잊는 것 역시 무례하다고 생각해서 남의 이름도 쉽게 까먹지 않는다. 약속을 잡을 때도 '이 약속을 까먹으면 문제가 생길 거야'라는 생각에 여기저기 스케줄의 날짜와 시간, 장소 등을 세세하게 기록하여 기억한다.

구두로 한 사소한 약속일지라도 불안을 쉽게 느끼는 사

람은 잊어버리지 않는다. "다음에 빌려줄게"라고 약속한 CD나 책은 반드시 빌려줄 때까지 잊지 않고, "나중에 메일 드리겠습니다"라고 말하고 나서 사무실에 돌아오면 그 즉시 메일을 보낸다. 메일의 보내기 버튼을 누를 때까지 자신이 해야 할 일을 잊어버릴까 불안한 것이다.

미국 캘리포니아 주립대학교의 M. 위트록M.C.Wittrock 교수는 자신의 수업을 듣는 학생들에게 불안과 기억력에 대한 실험을 진행했다. 방법은 간단했다. 수업 시작 전에 학생들에게 "강의 내용을 바탕으로 불시 테스트를 하겠습니다"라고 말하는 것이다. 그렇게 불안감을 조성하고 나면 그렇지 않았을 때보다 학생들이 수업 내용을 훨씬 더 잘 기억해냈다.

우리는 위기의식을 느낄 때 뇌를 보다 더 활용할 수 있다. '기억하지 않으면 큰 화를 당할 수 있다'라는 생각이 머릿속에 강하게 남는 것이다. 그러나 그럴 필요가 없을 때, 뇌는 쉽게 관련 내용을 지워버린다.

예를 들어 낙하산을 접는 방법에 대한 강습을 듣게 되었다고 하자.

우리의 뇌는 불안을 느낄 때 정보를 더 확실히 저장한다

낙하산을 접는 순서를 들어도 아마 그다지 흥미를 느끼지 못해 대충 흘려듣는 바람에 한 번 들은 정도로는 기억하지 못할 것이다. 그런데 "자신이 접은 낙하산을 들고, 지금부터 실제로 비행기에서 뛰어내리겠습니다"라고 하면 어떨까?

이런 경우에는 강사의 설명을 한마디도 흘려듣지 않겠다고 마음먹을 것이다. 대충 들으면 자신의 생명이 위험해지리란 사실이 정신을 바짝 들게 할 테니 말이다.

우리의 뇌는 불안을 느끼지 않으면 별로 기능하지 않는다.

반대로 말하자면 불안을 쉽게 느끼는 사람은 그만큼 머리를 쓴다는 뜻이다.

앞서 말했듯이 뇌는 기본적으로 정보를 금세 잊도록 되어 있다. 특히 자신과 상관없는 일은 더 빨리 잊어버리는 구조로 이루어져 있다. 그런데 불안을 느끼는 순간 '이것을 잊어버리면 큰일 나지 않을까?'라고 겁이 나기 때문에 기억해야 할 일을 뇌에 확실히 주입한다. 우리의 뇌는 불안을 느낄 때 정보를 잊어버리지 않게 하는 기능을 한다.

나서지 않고도 호감을 얻는
'의외의 사람'

대인관계에서 불안 감도가 높은 것은 정말로 좋은 일이다. 불안을 느껴야 어떤 상대에게나 빈틈없이 배려하고 센스 있게 대처할 수 있기 때문이다.

이런 사람들은 직장에서도 세심한 주의를 기울여서 일하고 인간관계에서도 상대를 자상하게 배려할 수 있으므로 호감을 얻고 사람들이 잘 따르는 존재가 되기 쉽다. 불안을 떨쳐내기 위한 행동이 더 나아가서는 주위 사람들에게 좋은 평가를 얻게 하고 인맥 형성으로까지 이어지는 것이다.

그럼 구체적으로 이들의 어떤 행동들이 호감을 불러일으키는지 살펴보자.

❶ 상대방을 중심으로 생각한다

걱정이 많은 사람이 업무 메일을 받았다고 생각해보자.

이런 사람은 '빨리 답신을 보내지 않으면 상대방을 애태울지도 몰라'라든가 '답장이 늦으면 나쁜 인상을 줄 수도 있어'라며 걱정한다. 그렇기에 최대한 빨리 답신을 보내려 애쓴다. 상대방은 그 빠른 대처에 감탄하며 호감을 느낄 것이다.

반면 불안을 느끼지 않는 사람은 어떻게 할까?

급한 메일이 아니라면 이삼일까지는 늦게 보내도 괜찮을 것이라 생각해서 아무래도 답신이 늦다. 그 결과 상대방을 안절부절못하게 만들기 때문에 불쾌하게 만들거나 미움을 산다.

걱정이 많아 불안한 사람은 아무리 바쁠 때라도 반드시 답장을 보낸다. 시간이 없을 때에는 '확인하였습니다'라는 한 줄짜리 메일이라도 보낸다. 그런 한 마디 회신이라도 보내지 않으면 자신이 불안해서 참을 수 없기 때문이다.

② 몇 번이든지 사과하고 허락을 얻는다

불안한 사람들은 상대방에게 폐를 끼쳤을 때 몇 번이고 사과한다. 반복해서 사과하는 이유는 그 정도로 하지 않으면 상대방이 용서해주지 않을 것 같기에 불안해지기 때문이다.

불안감을 느끼지 못하는 사람은 어지간히 큰 민폐를 끼쳤을 때에만, 그것도 딱 한 번 사과한다.

'뭐 일단 사과했으니까 됐잖아?'라는 생각이다. 상대가 진심으로 사과를 받는지 아닌지는 상관없다. 그런 사람이 호감을 얻을 리가 없다.

그러므로 사소한 일이라도 반복해서 사과하는 사람이 남들에게 호감을 얻는 것은 매우 당연하다.

❸ 몸가짐도 소홀히 하지 않는다

불안하여 걱정이 많은 사람은 다른 사람이 자신을 어떻게 보는지 역시 매우 궁금해한다. 요즘에는 '남들의 시선 따위 신경 쓰지 마세요'라는 말이 유행이라지만, 실제로 외관에 신경을 써서 상대방에서 불쾌감을 주지 않으려는 마음가짐은 매우 중요하다. 아직까지는 세상이 당신을 판단하는 데 겉모습 역시 중요하다.

미국 웨인 주립대학교의 제프리 마틴Jeffrey Martin 박사는 18세부터 40세까지의 남성을 조사하여 '남들에게 보이는 자신의 모습'에 신경 쓰는 사람이 복장이나 외관을 더 관리하는 경향이 있고, 그렇지 않은 사람에 비해 호감도가 더 높다는 사실을 밝혀냈다.

'다른 사람들이 나를 어떻게 보든 말든 조금도 신경 쓰지 않는다', '다른 사람이 어떻게 생각하든 말든 내 알 바가 아니다'라고 생각하는 사람이 있다고 하자.

이런 사람은 '남들에게 보이는 자신의 모습'을 별로 마음에 두지 않기 때문에 당연히 복장에도 신경 쓰지 않는다.

꾀죄죄한 옷을 입어도 태연하다. 이렇게 외관을 전혀 신경 쓰지 않는 사람이 호감을 얻을까? 그런 일은 도저히 기대할 수 없다.

반대로 '남들에게 보이는 자신의 모습'에 불안을 느끼는 사람은, 매일 거울을 바라보며 자신이 상대방에게 어떤 인상을 주는지 확인한다. 이렇게 하는 덕분에 상대방의 기분을 불쾌하게 만들지 않는다.

'겉모습보다 속이 중요하다'라고 생각하는 사람은 확실히 마음이 더욱 편할 것이다. 그렇지만 몸가짐에 신경을 쓰지 않는 것은 결코 좋은 일이 아니다. 오히려 겉모습으로 손해를 보게 되므로 주의해야 한다. 결과적으로 몸가짐에 신경 쓰고 좋은 인상을 주는 편이 좋다.

❹ 친해져도 인사를 거르지 않는다

불안을 쉽게 느끼는 사람은 대인관계 역시 성실하다. 미움받고 싶지 않다는 생각이 강한 탓에 일반 사람이라면 대충 넘어갈 부분도 그렇게 하지 못한다. 이런 성실함은 대인관계를 잘 유지하는 그들의 비법이기도 하다.

예를 들어 대부분의 사람들은 애인이 생긴 지 어느 정도 지나면 교제 초반에 비해 상대에게 연락하는 횟수가 뜸해진다. 처음에는 곧잘 연락하지만 점점 귀찮아져서 연락을 거르게 된다. 그러나 애인을 잃는 것에 대한 불안감이 큰 사람은 절대로 연락을 거르지 않는다. 최대한 성실하게 자주 연락하려고 노력한다.

미국 캘리포니아 주립대학교의 로버트 와이스커치Robert S. Weisskirch 교수는 애인이 있는 대학생에게 허락을 받아 휴대전화 통화 기록을 살펴봤다. 한편으로는 애인을 잃는 것에 얼마나 불안을 느끼는지도 조사했다. 그러자 애인을 잃는 것이 두렵다고 생각하는 사람일수록 전화를 거는 횟수가 많다는 것이 밝혀졌다.

'너무 집요하게 연락하면 오히려 상대방이 귀찮아하지 않을까?'라고 생각하는 사람이 있을지도 모른다. 하지만 와이스커치의 조사에 따르면 많이 연락한다고 해서 미움받는 경우는 거의 없었다. 상대방의 성실한 연락은 '애정의 깊이'를 나타낸다고 받아들였기 때문이다.

실제로 한쪽에서 전화를 거는 횟수가 많으면 상대도 전화하는 횟수가 많아졌다. 연락을 많이 하면 애인도 기분이 좋아져서 적극적으로 전화를 걸고 싶은 마음이 드는 것이다.

회사에서도 마찬가지다. 처음에는 부지런히 연락을 나누다 점점 연락이 뜸해지는 사람이 매우 많다. 초반에는 상대방과의 접점이 끊어지지 않도록 부단히 노력하던 사람도, 나중에는 점차 익숙해져서 신경을 쓰지 않게 된다. 이래서는 상대방이 '어쩐지 무례한 사람'이라고 느껴도 할 말이 없다.

아무리 관계가 깊어졌다고 해도 '사람의 인연은 쉽게 끊어지는 것이니 항상 신경 써야 한다'라고 되뇌며 끊임없이 자신을 경계해야 소중한 사람을 잃지 않는다.

❺ 남의 말을 잘 들어주어 누구와의 대화도 활기를 띤다

대화를 나눌 때 자기 말만 하려는 사람이 있다. 상대방이 지겨워하는 것도 모르고 일방적으로 떠들어대는 사람이다.

　　　나쁜 감정을 삶의 무기로 바꾸는 기술

이야기의 내용이 재미있으면 그나마 낫지만 대부분은 아무래도 상관없는 개인적인 이야기나 자기 자랑인 경우가 많아서 듣고 있기가 지긋지긋하다.

대화법에 관해서 쓴 책을 읽어보면 알 수 있는데, 대화의 요령은 '상대방이 말하게 하는 것'이다. 절대로 자신이 떠들어대는 것이 아니다.

그런 의미에서 불안한 사람은 대화의 달인이라고 말할 수 있다. 불안한 사람은 자신이 적극적으로 뭔가를 말하기보다 철저히 듣는 역할인 경우가 많기 때문이다.

"저는 별로 말을 잘하지 못해서 걱정이에요."
"저는 하고 싶은 말이 있어도 잘 말하지 못합니다."

이런 고민이 있는 사람도 많을 텐데, 대화에서는 능숙하게 말할 필요가 없다. 상대방이 말하게 하고 그 말을 들어주면 충분하므로 일부러 자신이 말하려고 하지 않아도 된다.

구미가 당기는 이야기를 하는 것보다 더 중요한 일은 상대의 말을 경청하는 태도다.

⑥ 태도를 바꾸지 않는 자세가 호감을 얻는다

불안을 쉽게 느끼는 사람의 대화에는 또 한 가지 특징이 있다. 강요하는 듯한 발언을 하거나 명령조로 말하지 않는다는 것이다.

이스라엘에 있는 바르일란대학교의 리오르 갈릴리Lior Galili 박사가 조사한 연구 자료에 따르면, 불안을 잘 느끼는 사람은 거칠게 이야기하거나 명령조로 말하는 경우가 거의 없다고 한다. 반대로 자신감이 넘쳐서 당당한 사람은 아무래도 큰 목소리로 기세 좋게 발언한다. 그러다 보면 다른 사람에게 명령하듯 말하는 경우도 종종 있고, 자신의 주장을 은근히 강요하는 느낌을 주기도 한다.

상대의 반응을 살피며 좋은 대화를 이어나가려고 노력하는 불안 감도가 높은 사람들은 그런 대화를 하지 않는다. 정확히 말하자면 '하지 않는다'라기보다는 '하지 못한다'가 맞는데, 그 또한 좋은 인상을 주는 이유 중 하나다.

불안감이 높은 사람은 상대방이 나이가 어리고 아랫사람이라고 해도 정중한 말투를 사용한다. 작업 지시를 내릴 때도 '이것 좀 해줄 수 있나요?'라며 부탁한다. 누구나 잔소리를 듣고 싶어 하지 않기 때문에, 상대의 기분을 상하지 않게 하기 위해 정중하게 말하는 것이다. 그 말을 들은 상대방은 그가 자신을 소중히 대해준다고 느낄 것이다.

판매나 영업 세계에서도 청산유수로 떠들어대는 영업 사원보다 오히려 말주변이 없고 말수가 적은 영업 사원의 실적이 좋기도 하다는 이야기를 들은 적이 있다. 기계처럼 떠들어대는 영업 사원보다, 할 말을 고르고 골라 신중하게 얘기하는 영업 사원이 더 신뢰가 가기 때문이다.

재치 있는 이야기나 농담을 하는 것은 잔재주이며 못해도 그다지 신경 쓸 필요가 없다. 오히려 사람은 자신의 이야기를 확실히 들어주거나 소중히 대해주는 사람을 바란다. 그런 의미에서 사실은 불안을 잘 느끼는 사람의 대화 방법이 옳다고 할 수 있다.

❼ 사소한 것도 잊지 않아서 신용을 얻는다

미국 웨인 주립대학교 마시 글리슨ₘₐᵣ𝒸ᵢ 𝒢ₗₑₐₛₒₙ 교수는 다른 사람에게 도움을 받는 것은 감사의 마음을 만들어내는 한편, 불안 등의 부정적인 감정을 고조시킨다고 말했다. 다른 사람에게 도움을 받는 것이 상반되는 두 감정을 동시에 일으킨다는 것이다.

그렇기에 원래부터 불안감이 높은 사람들은 남에게 별로 도움을 받고 싶어 하지 않는다. 남에게 도움을 받고 자신은 아무것도 해줄 수 없을 때, 마음이 괴로워서 견딜 수 없기 때문이다. 그래서 그런 마음이 될 바에야 차라리 다른 사람에게 도움을 받지 않는 편이 편하다고 생각한다. 다른 사람에게 도움을 받지 않아도 괜찮도록 가능한 한 자신의 힘으로 모든 일을 해결하는 쪽을 택한다.

불안을 잘 느끼는 사람이라고 하면 왠지 응석을 잘 부리고 남에게 징징거리며 의존만 할 것 같은 이미지가 있는데, 사실은 그렇지 않다. 남에게 의존하는 것은 '유아적 성향'이며 '불안'과는 다르다. 불안을 잘 느끼는 사람은 남에게 빚을 지면 반드시 그 빚을 갚으려고 한다. 유아성이 높은 사람은 그저 남에게 응석을 부릴 뿐이지만 불안한 사람은 빚을 진 상태를 참지 못한다.

애초에 불안을 잘 느끼는 사람은 다른 사람의 도움 없이 스스로 해결하기 위해 애를 쓰지만, 만약에 빚을 졌을 때는 확실히 그 빚을 갚는다. 그런 의미에서는 '의리 있는 사람'이라고 할 수 있다.

예를 들어 불안을 잘 느끼는 사람은 누군가에게 돈을 빌렸을 때에도 즉시 그 돈을 갚으려고 하며, 돌려줄 뿐만 아니라 정확히 '이자'까지 붙여줄 것이다. 큰 금액이 아니더라도 반드시 갚으려고 한다.

빌린 것은 반드시 갚는 것이 신조다. 따라서 다른 사람들에게서 신용이 높아진다. 사소한 약속이나 빚이라도 잊어버리지 않는 자세가 신용을 높이는 것이다.

매년 서비스 점수 최고점을 받는
어느 항공사의 비결

일본의 항공회사 ANA(전일본공수)는 영국 스카이트랙스사가 운영하는 세계 항공사 순위 평가에서 최고 점수인 '별 다섯 개'를 받았다. (별 여섯 개까지 있지만 아직까지 여섯 개를 받은 항공사는 없다.)별 다섯 개를 받은 항공회사는 일본에서 ANA가 최초였고 전 세계에서도 11개사뿐이라고 한다.

이런 지표는 ANA의 서비스가 그만큼 훌륭하다는 뜻인데, 구체적으로 어떤 서비스를 할까?

ANA에서는 늘 '고객에게는 두 번 이상 사과하도록' 교육한다고 한다.

예를 들면 고객이 찾는 신문이 없으면 그 자리에서 한 번 "죄송합니다"라고 사과하고 착륙 전에 다시 한 번 "고객님,

오늘은 원하시는 서비스를 제공해드리지 못해서 정말 죄송합니다"라고 사과한다고 한다. 이렇게까지 철저하게 고객의 마음에 다가가는 서비스를 하기에 별 다섯 개를 받을 수 있는 것이다.

미국 일리노이대학교의 카렌 개스퍼Karen Gasper 교수는 불안한 사람은 모든 일의 '위험도'를 높이 추정하는 경향이 있다고 분석한다. 불안한 사람은 '딱 한 번 사과해서는 성의가 통하지 않을지도 모른다'라는 위험을 높게 인지한다. 그래서 여러 번 사과한다. 물론 그러면 상대방에게 좋은 인상을 줄 수 있다.

> **Check!**
>
> **일의 위험도를 높이 추정하기 때문에 대처하는 힘이 뛰어나다.**

: 매사에 생각이 많아서 불안한 거다

이 책의 목적은 부정적인 감정을 긍정적인 힘으로 바꾸는 비밀을 소개하는 것이다. 그렇지만 '너무 불안해서 참을 수 없다'는 사람도 있을 것이다. 그래서 이번 장에서는 불안을 지나치게 느끼지 않는 사람이 되기 위한 기술에 대해 얘기해보려고 한다.

불안이라는 존재는 우리의 생각과 평가에서 비롯된다. 즉 쓸데없는 불안이 심해지는 이유는 지나치게 생각에 몰두하기 때문이다. 매사를 그다지 심각하게 생각하지 않으면 불안이 커질 이유가 없다는 뜻이기도 하다.

일을 할 때 어려워 보이는 의뢰를 맡게 된다면, 할까 말까 고민하며 불안한 마음이 나타나기 전에 '하겠습니다!'라고 말하는 버릇을 들여보라. 어떤 일이 주어져도 아무 생각도 하지 말고 "네, 알겠습니다. 해보겠습니다!"라고 하는 것이다. 실제로 내가 지난 며칠간 적용해본 결과, 이는 꽤 좋은 아이디어였다.

대부분의 일은 '해보지 않으면 모르는 일' 천지다.

그러므로 사실 아무리 머리를 굴려봐도 실제로 일이 잘 될지 안 될지는 알 수 없다. 다시 말해, 생각하면 할수록 헛수고만 늘어날 뿐이다.

어차피 해봐야 아니까 일단 하겠다고 말하는 작전은 당신이 생각하는 것보다 훨씬 효과적이다. 하겠다고 말한 이상, 물러날 수 없는 상황이 만들어지므로 일단 열심히 노력하는 수밖에 없다. 그러니까 열심히 하겠다고 마음을 먹고 나면 그 뒤로는 누구나 열심히 할 수 있다.

물론 그 일을 해본 적이 없다는 사실은 상대에게 미리 알려야 한다.

"이 일을 해본 적은 없지만 열심히 해보겠습니다. 하지만 실패할 수도 있다는 사실을 미리 말씀드립니다"라든가 "스케줄이 조금 빡빡하기 때문에 일정 조율이 필요할지도 모릅니다"라고 말이다. 이렇게 상대방에게 미리 말을 해놓는다면, 일이 잘 안 풀렸다 하더라도 그렇게 비난받지 않을 것이다.

아무튼 불안을 피하려면 즉시 행동하는 버릇을 들이는 방법이 가장 좋다. 머릿속에서 상상할 때가 가장 불안한 법이지, 막상 행동에 옮기고 나면 불안하지 않기 때문이다.

운동선수가 슬럼프에 빠졌을 때 코치들은 그에게 아무것도 시키지 않고 일단 온종일 달리게 한다고 한다. 가만히 있으면 불안한 생각이 넘쳐흘러 걱정만 느는데, 아침부터 밤까지 달리면 머릿속이 새하얘져서 슬럼프에서 빨리 벗어날 수 있다는 것이다.

캐나다에 있는 브리티시 컬럼비아대학교의 애덤 디폴라Adam DiPaula 교수는 이런저런 생각으로 머리를 괴롭히기보다는 일단 행동해야 자신을 혐오하거나 비난하지 않게 된다고 한다.

불안을 느끼고 싶지 않다면 일단 아무런 생각이 들지 않도록 단순한 행동을 반복해보자. 그저 운동장을 달리는 것이라도 좋다. 그것이 불안을 피하는 최고의 방법이라고 할 수 있다.

Check!

걱정이 넘쳐 흐른다면 당장 일어나 운동장을 뛰고 와라.

화를 잘 내는 사람은
어떤 업종에서든지 성공한다

툭하면 화를 내는 사람은 여성에 비해 남성이 많다. 그 이유는 테스토스테론 때문인데, 이 호르몬은 '남성 호르몬'이라고 불리기도 하며 여성보다 남성에게서 더 많이 분비되는 호르몬이다. 또한 성격이 날카롭거나 화를 잘 내는 사람 역시 테스토스테론 수치가 높게 나타난다.

화를 잘 내는 사람은 공격적이라는 단점도 있지만 모든 일에 의욕적이라는 장점도 있다. 그들은 자신의 감정에 솔직하고 의견을 쉽게 굽히는 법이 없으며 능동적이고 적극적으로 행동한다.

바꿔 말하자면 분노를 잘 느끼지 않는 사람은 매사에 약간은 소극적으로 대처한다고 볼 수 있다. 물 흐르듯이 평온한 일상을 보낼 수는 있겠지만, 새로운 일에 도전하지 않거나 열심히 일하고자 하는 활력은 다소 떨어진다.

그런 점에서 화를 잘 내는 사람은 무척이나 의욕적이고 활동적이며 혁신적으로 행동한다고 말할 수 있다. 위험도 무서워하지 않는다. 그래서 이런 사람이 출세도 빨리하고 일로 성공할 가능성이 높다는 데이터가 있다.

미국 조지아 주립대학교의 제임스 댑스James McBride Dabbs.Jr.박사는 기업 경영인, 정치가, 운동선수, 성직자 등 다양한 직업군의 사람들의 타액을 채취하여 성공하는 사람의 특징에 대해 조사했다. 그 결과, 분야에 상관없이 성공한 사람일수록 테스토스테론 양이 많다는 것을 알 수 있었다.

"젠장! 내가 여기서 포기할까봐?"
"망할, 더 잘해낼 수 있었는데!"

좀처럼 이런 감정을 느끼지 못하는 사람은 성공과 거리가 멀다. 이런 의욕은 어디에서 오는 걸까? 바로 '분노'다.

화를 잘 내는 자신의 모습이 싫은 사람이라면 '화를 잘 내는 성질도 반드시 나쁘지만은 않다'라는 사실을 받아들이고, 마음속에서 솟아나는 힘을 적재적소에 잘 활용하길 바란다.

Check!

일로 성공하고 싶다면 조금 화를 잘 내는 정도가 좋다.

복수심이 강한 사람일수록 무시당하지 않는다

불교든 기독교든 어떤 종교에서든 '용서하는 마음'의 중요성에 대해 설명한다. 용서할 수 없는 일을 당해도 물에 흘려보내는 착한 마음을 지니라는 것이다. 그런 마음을 가진 사람이야말로 큰 사람이 될 수 있다고 한다.

그렇다고 해도, 계속해서 분노가 가라앉지 않아 복수심으로 활활 타오르는 마음이 진정되지 않는 사람도 있을 것이다. 그런 사람은 그 마음이 어느 정도 진정되고 나면 '내가 너무 시답지 않은 일에 집착하는 게 아닐까?'라며 또 다른 고민에 빠진다. 심할 경우 자기 비난에 빠지기도 한다.

하지만 강한 복수심은 오히려 강력한 힘이 된다. 끈질기게 복수하려는 마음이 있어야 상대방에게 얕보이

거나 무시당하지 않기 때문이다.

상대방에게 '그 사람은 끝까지 복수할 타입 같아'라고 느끼게 하면 불쾌한 일도 당하지 않는다. 섣불리 손을 대면 강렬한 반격이 돌아오리라고 생각하기 때문이다.

반대로 복수 따위 전혀 연연해하지 않을 것처럼 보인다면 만만하게 볼 것이다. 반격하지 않을 것이라고 생각하기에 얕보이게 될지도 모르므로, 확실히 복수할 의향을 드러내면 상대방도 이상한 행동은 하지 않는다. 복수심이 강하다면 그것을 숨기지 말고 그 마음을 주위 사람에게 어필하자.

"나는 당하면 백배로 갚아줄 거야!"
"난 무시당하면 반드시 복수할 거야!"

이렇게 공헌하면 아무도 당신을 괴롭히려고 하지 않을 것이다. 실제로 '기분 나쁜 일을 당하면 그대로 되돌려주겠다'라고 생각하는 사람의 연인이나 배우자는 바람을 피우지 않는다는 다소 충격적인 연구 결과도 있다.

용서하는 마음도 중요하지만, 화가 날 때 표출하는 것도 중요하다

미국 캘리포니아주에 있는 소노마 주립대학교의 헤더 스미스Heather J. Smith 박사는 연구를 통해 '바람을 피우면 즉시 헤어지겠다', '바람을 피우면 절대 참지 않겠다'라고 교제 초반부터 지속적으로 말해온 사람은 상대방이 바람을 잘 피우지 않게 된다는 사실을 밝혀냈다.

반면 복수심을 평소에 드러내지 않았던 사람은 상대방이 '한 번쯤은 용서해주겠지', '이런 걸로 화내지 않겠지'라고 생각한다는 결과가 나왔다.

뭐든지 용서할 수 있는 사람이 인성 좋고 품격이 높은 사람이라고 생각할지 모르지만, 복수심이 강하다고 해서 반드시 나쁜 것은 아니다. 실제로는 누구나 복수심을 갖고 있으며 정도의 차이가 있을 뿐이다.

가장 중요한 사실은 복수심을 확실히 드러내는 사람에게 여러모로 이득이 있다는 것이다.

Check!

화가 날 땐 참지 말고 드러내도록 하자.

'분한 마음'을 이용해
더 나은 사람이 되는 법

일반적으로 어떤 일에 도전했다가 실패하면 의욕을 상실해버린다고 생각한다. 하지만 미국 다트머스대학교의 아서 프랭클Arthur J. Frankel 교수는 사실 그 반대라고 설명한다.

열심히 노력한 일이 실패했을 때 사람은 자존심에 상처를 입는다. '분한 마음'을 느낀 사람은 상처 입은 자존심을 회복하기 위해 오히려 더 어려운 과제에 도전한다. 어려운 과제에서 성공하면 처음 실패한 상처를 회복할 수 있다고 생각하기 때문에, 더욱 더 도전적이게 된다는 것이다.

첫 시도에서 성공한 사람은 일이 잘 풀린 것이 기뻐서 자존심이 높아진다.

모처럼 기분 좋게 지낼 수 있기 때문에 되도록 자존심에 상처 입는 일을 하고 싶지 않다. 더 어려운 과제에 도전했다가 실패라도 하면 애써 얻은 기쁨이 사라질 것이라고 생각한다. 그래서 수비 태세로 들어간다. 과감하게 도전하려고 나서지 않는 것이다.

예를 들어 대학 입시에서 1지망 대학교에 들어가지 못하고 2지망 대학교에 진학해야 하는 사람이 있다고 하자.

이 사람은 1지망 대학교에 들어가지 못한 분한 마음을 풀기 위해 어느 누구보다도 열심히 공부에 힘쓴다. 더 뛰어난 성적을 내서 1지망 대학교 졸업생보다 성공하려는 것이다.

반면 원하는 대학교에 진학한 사람은 '명문대 졸업생'이라는 지위를 손에 넣은 시점에서 수비 태세로 들어간다. 모처럼 기분 좀 내려는 시기에 일부러 다른 일에 도전해서 위험을 무릅쓸 필요가 없다고 생각한다. 어려운 일에 도전해서 좌절하면 높아진 자존심에 상처를 입기 때문이다.

프랭클의 연구 결과를 떠올리면 실패하는 것도 결코 나쁘지 않다.

사람은 실패하기 때문에 더 어려운 과제에 도전하려는 의욕도 생긴다. 따끔한 맛을 보고 정신을 차려야 더욱 의욕적으로 행동할 수 있다.

자, 그럼 정리해보자. 일에서 실패한 사람이 모든 의욕을 상실하는가?

그렇지 않다. 확실히 일부는 그렇게 느낄 수도 있지만, 실패해서 오히려 분발하는 사람이 훨씬 많다.

좌천당한 사람이 모두 낙심하여 일을 포기하는가?

그렇지 않다. 오히려 전보다 더 노력해서 주위 사람들에게 인정받고 성공하는 경우가 많다.

결국 끈기는 좌절하는 경험에서 생긴다고 할 수 있다.

실패해서 느끼는 좌절감에는 의의가 있다. '자존심을 회복하고 싶다!'라는 마음이 의욕을 키우기 때문이다. 이와 마찬가지로 몇 번이고 실패할 수 있는 사람은 강한 사람이다. 실패를 경험했을 때마다 자존심을 회복해서 더욱 강해졌을 테니 말이다.

2장

내성적인 사람은 사회생활을 잘 못하는 걸까?

내성적인 사람이
더 쉽게 호감을 얻는 이유

외향적이고 활발한 사람과 비교하여 내성적인 사람은 상대적으로 다른 사람에게 자신의 기분을 표현할 기회가 적다. 그러나 그들 중에서도 좀 더 마음 편히 남들과 어울리거나 자신의 생각을 알리고 싶은 사람이 있을지도 모른다.

생각보다 많은 사람들이 내성적인 성격을 콤플렉스로 생각하며 '나는 왜 이렇게 소심하고 낯가림이 심하지……'라고 걱정한다. 그러고는 다짐한다. 이 성격을 조금씩 바꿔나가겠다고.

하지만 그 결심은 잠깐 접어두기를 바란다. 내성적인 성격이 분명히 당신의 인간관계에서 플러스 요인으로 작용하고 있을 테니 말이다.

핀란드에 있는 헬싱키대학교의 마르야 칼리 오푸스카 Marja Kalliopuska 교수는 수많은 연구를 통해 '내성적인 사람들'의 다양한 특성을 조사했다. 그 결과, 이들에게는 여러 가지 뛰어난 특징들이 있었다. 그중 가장 두드러지는 장점은 다른 사람에게 공감하는 능력이 뛰어나다는 점이다.

내성적인 사람이 뛰어난 공감능력을 갖게 된 이유는 기

내성적인 성격이 콤플렉스라지만……

본적으로 섬세한 사람들이기 때문이다. 시각, 청각 등 전반적인 감각이 예민한 내향인들은 작은 변화나 미묘한 분위기에도 민감하다. 타인과 만날 경우 기분 변화를 잘 알아차리고 감정이입을 잘하기 때문에 내성적인 사람일수록 주위 사람에게 호감을 얻는다. 실제로 특정 상황에서 뇌 활성화 정도를 측정한 결과, 내성적인 사람의 공감능력에 관여하는 뇌 영역이 다른 사람에 비해 활발하다는 사실이 밝혀지기도 했다.

낯가리는 사람들의
인간관계 비결

칼리 오푸스카는 오랜 연구 끝에 내성적인 사람들과 반대되는 성격을 가진 집단을 찾아냈다. 바로 자기애가 충만한 나르시시스트들이다.

적당한 나르시시즘은 자신감과 자존감을 높이는 긍정적인 효과가 있을지도 모르지만, 과할 경우 자기애가 너무 강해 이기적으로 보이거나 자기중심적인 사고에 갇히기도 한다. 다시 말해 나르시시스트들은 남에게 미움받기 쉽다.

일반적으로 내성적 성향과 나르시시스트 성향은 반비례하는데, 내성적인 사람은 절대로 자만하거나 허세를 부리지 않는다. 오히려 자신을 낮출 줄 알고 매우 겸손하다. 이런 점으로 미루어볼 때 내성적인 사람이 주위 사람에게 더욱 호감을 얻는다고 추론할 수 있다.

또한 내성적인 사람은 자신에게 주어진 작업에 묵묵히 임하는 타입이 많았다. 감독관이 보지 않아도 스스로 나서서 조용히 작업을 처리한다거나, 아무도 보지 않는다고 해서 일을 내팽개치지 않는 것이 내성적인 사람의 장점이라고 할 수 있겠다.

종합해서 살펴보면 내성적인 사람들은 분위기를 잘 파악할 줄 알고, 감정변화를 능숙하게 캐치하며, 자신이 맡은 일 또한 묵묵하게 해내는 유형이므로 인기가 많은 것이다.

상담을 하다보면 많은 사람들이 자신의 내성적인 성격을 탓하며 나를 찾아온다.

'낯을 너무 가려서 걱정이에요.'
'앞에 나서는 적극성이 부족해요.'
'인간관계가 제일 어려워요.'

이 글을 읽고 있는 사람 중에서도 위와 같은 문제로 고민하는 사람이 있을지도 모른다. 하지만 당신의 주위 사람들은 당신의 장점을 확실히 알고 있기 때문에 전혀 걱정하지 않아도 된다고 말해주고 싶다.

재미있는 사람처럼 행동하지 못한다고 해서 아무도 당신을 지루하게 생각하거나 싫어하지 않는다. 존재감이 희미하다고 걱정하는가? 주제넘게 나서지 않아서 오히려 호감을 주는 경우가 많으므로 그 점도 전혀 걱정할 필요가 없다.

Check!

내성적인 성격이라고 해서 절대 위축될 필요가 없다.
생각보다 많은 사람들이 당신을 호감 있게 보고 있다.

'셜록 홈즈'는 '왓슨 박사'와
얼마나 친할까?

미국인은 이제 막 만났는데, 첫만남에 곧바로 상대방을 이름으로 부르는 것에 아무런 거부감도 느끼지 않는다. 유럽인이나 동양인이 보면 '좀 무례하네'라고 느낄 만큼 편하게 대할수록 미국인들은 쉽게 마음을 열고 친구처럼 생각한다.

이처럼 만나자마자 마음을 여는 사람이 있는가 하면, 몇 년이 지나도 서로 친해지지 못하는 관계의 사람들도 있다.

"상대방과 알고 지낸 지 꽤 지났는데 아직도 속마음을 터놓고 얘기하지 못해요. 그래서 친한 건지 안 친한 건지 애매해요. 거리감이 느껴지기도 하고요."

이렇게 말하는 사람들에게 알려주고 싶다. 상대방과 친하게 지내지 못한다고 해서 고민할 필요는 없다. 서로에게 어느 정도의 거리를 둬야 오히려 사이좋게 지낼 수 있는 경우도 있기 때문이다.

명탐정 셜록 홈즈Sherlock Holmes와 그의 조수 존 왓슨John Watson은 서로를 '미스터 홈즈', '미스터 왓슨'이라고 불렀다. 서로에게 마음을 허락했으니 그냥 '셜록', '존'이라고 불러도 될 텐데, 두 사람은 평생 서로를 이름으로 부르지

이들이 친하지 않다고 생각하는가?

않았다.

물론 이들은 소설 속 인물이지만, 현실 세계에서도 비슷한 사례를 종종 볼 수 있다. 특히 업무로 만난 인간관계라면 더욱 서로에게 예의를 표하는 덕분에 관계가 오래 유지되는 경우가 많다. 선을 지킬 줄 아는 것이다. 미국인처럼 친하게 지내지 못한다고 해서 인간관계에 문제가 생길까? 절대로 그런 일은 없다.

친해지기 전의
긴장감을 잊지 말자

뉴질랜드에 있는 캔터베리대학교의 제프 토마스Geoff Thomas 교수는 74쌍의 부부에게 몇 가지 주제로 5분씩 대화를 나누게 하고 그 모습을 비디오로 찍었다. 대화가 끝난 뒤, 영상을 그들에게 보여주며 한창 대화중일 때의 서로의 감정이나 기분을 추측하게 했다.

결과는 놀라웠다. 결혼 생활을 '짧게' 한 부부가 서로 무슨 생각을 하는지 정확하게 간파한 것이다. 반대로 결혼 생활을 '오래'한 부부일수록 파트너의 기분을 이해하는 데 서툴렀다.

결혼 생활에서도 적절한 긴장감은 필요하다. 교제가 길어지면 믿음이 생겨서, 서로가 편해져서 등의 다양한 이유로 처음의 긴장감을 놓치기 마련이다. 상대방을 배려하지 않게 되는 것이다. 그런 탓에 자신이 무례한 행동을 해서 상대방을 불쾌하게 만들어도 당사자는 전혀 알지 못한다.

한편 신혼 기간에는 상대방이 자신을 어떻게 생각하는지 자꾸만 신경이 쓰인다. 그래서 필사적으로 상대방의 눈치를 살피려고 한다. 그 결과 오랫동안 같이 산 부부보다 신혼부부가 서로의 생각을 잘 아는 역설적인 현상도 볼 수 있다.

상대방의 기분을 정확히 이해하려면 아무리 친해져도 처음 만나는 사람과 똑같이 대해야 한다.

그렇게 하지 않으면 상대방의 감정을 해치는 무례한 행동을 할 위험성이 높아진다. 스스럼없이 행동하는 사람은 상대방의 감정은 상관없이 상대방의 마음속에 들어가려고 하는 탓에 미움받을 때도 있다.

질투가 심한
커플이 장수하는 까닭

질투는 당사자에게는 불쾌한 감정일 수도 있다. 하지만 질투 역시 긍정적인 효과가 있다. 이번 장을 읽고 '질투가 심한 자신'이 싫어질 때면 질투가 절대로 나쁜 것만은 아니라는 사실을 떠올려보자.

미국 캘리포니아 주립대학교의 아얄라 파인스Ayala M. Pines 교수는 21세부터 64세의 질투심이 강한 남녀를 연구하여 다음과 같은 긍정적인 효과를 밝혀냈다.

│ 질투가 주는 일곱 가지 긍정적인 효과
① 질투는 상대방의 존재가 당연하다고 생각하면 안 된다는 것을 알려준다.

② 질투는 서로의 관계를 오래 유지하는 데 도움이 된다.

③ 질투는 상대방을 사랑한다는 신호다.

④ 질투는 권태기 커플에게 흥분을 일으킨다.

⑤ 질투는 파트너를 매력적으로 보여준다.

⑥ 질투는 서로의 관계를 다시 한 번 바라보는 계기를 준다.

⑦ 질투는 생명력을 높여서 사람을 생기발랄하게 한다.

어떠한가? 질투에는 긍정적인 점이 제법 많지 않은가?

질투도 관심과 애정이 있어야 생긴다.

그래서 질투가 심하다는 것은 애정이 깊다는 뜻이기도 하므로 나쁜 것만은 아니다.

질투를 느낄 만큼 상대방을 사랑할 수 있다는 것은 대단한 일이다. 그러니 질투가 심한 애인을 두었다면 그만큼 당신에게도 기쁜 일이 아닐까?

내가 누구를 만나는지 무엇을 하는지 캐묻지 않고, 만나자고 귀찮게 하는 법도 없으며, 전화나 메신저도 별로 하지 않는 사람은 '집요하지 않다'는 점에서 고마울 수는 있지

만 어딘지 모르게 애정이 부족하게 느껴지기도 한다. 상대
방의 입장에서는 '나, 정말로 사랑받고 있는 걸까?'라는 마
음이 슬그머니 고개를 들게 된다. 나는 사실 이런 행동들이
조금은 차갑게 느껴져서, 그런 상대하고는 별로 사귀고 싶
지 않다. 그러니까 질투가 심한 커플이 오래가는 비밀은 바
로 이런 것이다.

Check!

질투 역시 분노만큼이나 강력한 힘이다. 원동력으로 이용하자.

세상에 쿨한
연애는 없다

요즘에는 쿨한 연애가 유행이다. 서로에게 크게 관심을 두지 않고 질투도 안 하는 것처럼 보이는 커플이 많아졌다. 결혼을 하겠다고 적극적으로 나서는 커플도 줄어들었다. 이런 시대에 '질투'는 오히려 결혼을 위한 원동력이 되지 않을까 싶다.

최근 상담을 하면서 '애정이 지나쳐서 상대에게 차이곤 해요'라는 말을 자주 듣는다. 과연 정말 그럴까?

나는 반대로 애정이 지나치게 느껴질 정도로 상대방을 사랑할 수 있다는 점이 대단하다고 생각한다.

이탈리아인은 전세계에서 가장 열정적인 연애를 한다고

알려져 있다. 남성이든 여성이든 질투가 심한 것으로도 유명해서 스스로 질투가 심하다고 말하는 사람도 많다.

요즘에는 많은 사람들이 질투하는 것을 구질구질하고 멋지지 못한 일이라고 생각한다. 그러나 이탈리아에서는 질투를 나쁘지 않다고 생각한다.

우리도 질투라는 감정이 그다지 부정적인 게 아니라고 생각해보면 어떨까?

질투가 심한 사람은 좋아하는 사람의 시선이 다른 사람에게 쏠리지 않을까 걱정이 이만저만이 아니다. 그래서 아예 질투가 날만한 상황을 만들지 않으려 한다. 이런 행동을 '가딩Gurding'이라고 부르는데, 애인을 자신이 아닌 다른 사람으로부터 가드(막는)한다는 뜻이다.

미국 뉴햄프셔대학교의 안젤라 닐Angela Neal 박사는 48쌍의 커플에게 일주일 동안 일기를 쓰게 했다. 커플들에게는 각자 자신의 애인이 바람을 피우지 않도록 가능한 한 자주 데이트를 하라고 말했다. 그러면서 일기에는 자신의 애인을 지키기 위해, 다른 사람에게 우리가 애인 사이라고 알리기 위해 팔짱을 끼거나 포옹하는 등의 다양한 행동을 모두 기록하도록 했다.

그후 닐 박사는 48쌍의 커플에게 질투 측정 테스트를 실시했다. 질투심과 '가딩 행동'의 관련성을 조사했더니 질투가 심한 사람일수록 애인을 지키기 위한 행동을 많이 한다는 사실이 드러났다.

질투가 심한 사람은 주변 사람을 신경 쓰지 않고 언제 어디서나 애정 표현을 진하게 한다.

그렇게 해서 주위 사람들에게 '내 여자에게 손대지 마', '내 남자에게 손대기만 해봐'라는 신호를 강력하게 보내는 것이다. 전화, 문자, SNS 역시 마찬가지다. 자신이 상대를 얼마나 사랑하는지 열정적으로 표현한다. 질투가 심한 사람은 연애할 때 가능한 한 최선을 다하고, 상대를 매우 자상한 태도로 대하며, 어떤 의미에서는 매우 헌신적이다.

애인을 전혀 질투하지 않는 사람은 그만큼 애정 표현이 덜할 수밖에 없다. 그런 사람이 언제까지나 애인을 자신의 곁에 붙잡아두기는 어려울 것 같다.

남들이 '질투 많은 사람은 꼴불견이다'라고 하든 말든, 그런 말에 일일이 신경 쓸 필요 없다.

질투를 느끼는 만큼 상대방에게 애정을 쏟을 수 있는 것은 대단하다고 자신에게 말해주자.

애정을 쏟는 행동은 실제로 연인 관계가 되었을 경우에만 해야 한다. 짝사랑인데도 질투심을 느끼는 것은 상대에게 폐를 끼칠 뿐이고 그건 단순히 스토커일 뿐이다. 어디까지나 상대방도 자신을 좋아한다는 것을 확인한 후에, 자신의 애정이 얼마나 큰지 상대방이 느낄 수 있도록 해주는 게 좋다. 물론 연인이 이런 것들을 싫어한다면 참을 줄도 알아야 한다.

Check!

질투심은 애정의 척도이다.
적극적으로 애정을 드러내야 파트너와 잘 지낼 수 있다.

: 남사친의 애인이 자꾸만 당신을 경계하는 이유

질투라는 감정이 우리의 눈을 흐리게 한다는 점도 고마운 일이다. 당신에게 친한 '남자 사람 친구'가 있다. 그런데 그의 여자친구가 자꾸만 당신을 질투한다고 가정해보자. 그가 남자로써 매력이 전혀 없다고 해도 그녀의 눈에는 그가 최고의 남자로 보이는지, 그녀는 당신의 일거수일투족을 질투한다.

도대체 그녀가 왜 이러는지 이해할 수 없겠지만 모두 다 '질투' 때문이다. 실제로 질투는 상대방을 실제보다 더 나은 사람으로 보이게 한다.

객관적인 매력이 60점인 사람이 있다고 하자. 하지만 그 사람을 사랑하는 사람에게는 그 사람이 100점 만점으로 보인다. 평범한 용모의 상대라도 이목구비가 매우 뚜렷한 미남·미녀로 보인다는 얘기다. 그런 식으로 우리의 눈을 좋은 의미에서 흐리게 만드는 것도 질투의 긍정적인 효과 중 하나다.

질투는 상대방을 실제보다 더 나은 사람으로 보이게 한다

누구든지 결혼을 결심할 때는 망설인다.

'정말 이 사람과 결혼을 해도 괜찮을까?'

'혹시 더 좋은 사람이 나타나지는 않을까?'

하지만 이런 식으로 생각하면 당신은 영원히 결혼할 수 없을 것이다. 반면 질투가 심한 사람은 망설임 없이 결혼을 결심할 수 있다. 우유부단하게 행동하지 않는다. '이 사람뿐이다'라고 자신 있게 말할 수 있기에 망설일 필요가 없는 것이다. 결혼이란 게 원래 상대방에 대해 어지간한 확신과 애정으로는 쉽게 결정할 수 없는 것이다.

미국 웨스턴일리노이대학교의 유겐 매티스Eugene Mathes 교수는 65쌍의 커플을 대상으로 심리 테스트를 실시하여 서로의 질투심을 측정했다. 그리고 7년 후 다시 한 번 그들이 결혼 여부를 조사했다.

그 결과 결혼에 골인한 커플들은 한쪽, 또는 양쪽이 모두 질투가 심한 타입이라는 사실이 밝혀졌다. 질투가 심한 사람일수록 사랑이 쉽게 불타오르기 때문에 결혼도 빨리 하는 것이다.

질투를 측정하는 심리 테스트에서 질투가 별로 심하지 않다고 판단된 사람들은 대부분 결혼을 하지 않았다. 심지어 이미 헤어진 커플도 많았다.

만약에 결혼 상대를 찾는 사람이 "가능한 한 빨리 결혼하고 싶습니다"라고 상담하러 올 경우 나라면 "최대한 질투가 심한 상대를 찾는 게 요령입니다"라고 조언할 것이다. 질투가 심한 사람이 애정도 깊고 결혼을 빨리 결심하기 때문이다.

3장

정말로 외향적인 사람이
리더에 어울리는 걸까?

카리스마보다 더
중요한 리더의 자질

당신이 생각하는 리더는 어떤 사람인가?

카리스마 있게 팀원들을 통솔하는 사람, 아니면 절대 흔들리지 않는 강한 의지를 가진 사람?

'리더십'이라고 하면 사람들을 감동시키는 뛰어난 언변이나 대중을 사로잡는 카리스마를 생각한다. 그래서 리더십이라는 말을 들으면 왠지 자신과는 먼 이야기라고 생각하거나 내게 없는 역량이라고 생각하기 쉽다.

그런데 이에 대해 미국 스탠포드대학교의 레베카 샤움버그Rebecca L. Schaumberg와 프랜시스 플린Francis J. Flynn 박사가 재미있는 연구 결과를 발표했다. 좋은 리더가 되기 위해서는 '능력'보다는 '죄책감을 느끼는 정도'가 더 중요하다는 것이다.

샤움버그와 플린은 MBA 학생들, 커뮤니티 회원들, 직장인 등 다양한 사람들을 대상으로 리더가 없는 상태에서 집단 과제를 수행하게 하는 실험을 진행했다. 실험이 끝나고 '어떤 사람이 리더가 되어야 한다고 생각하는가'라는 질문을 던졌을 때, 대부분의 실험자들이 '자신의 잘못을 인정하고 깨달은 점을 통해 다른 사람들을 앞장서서 도울 줄 아는 사람'이 훌륭한 리더라고 대답했다.

어떤 사람을 믿고 따르고 싶은가?

다시 말해, 훌륭한 리더십은 그가 가진 능력에서 비롯되는 것이 아니라, 잘못을 저질렀을 때 올바르게 반응하고 대처하는 능력에 의해 형성된다는 것이다.

샤움버그의 말에 따르면 죄책감이 강한 사람일수록 책임감이 강하고, 또 자기를 희생하더라도 타인을 배려하려는 성향을 보인다고 한다.

'죄책감'은 '책임감'과 연결되어 있다.

죄책감을 많이 느끼는 사람일수록 책임감도 더욱 크게 느낀다. 죄책감이 책임감의 강도를 알 수 있는 바로미터가 되는 셈이다.

나쁜 짓을 해본 선생님과
안 해본 선생님의 차이

죄책감을 느끼는 것은 당사자에게는 괴로운 일일 수도 있다. 하지만 이런 감정은 우리에게 반드시 필요한 것이며 좋은 영향을 끼친다. 사람은 죄책감을 느껴야 좋은 사람이 될 수 있기 때문이다.

미국 캘리포니아 주립대학교의 티모시 케텔라르Timothy Ketelaar 교수는 대학생 64명을 두 그룹으로 나눠서 간단한 에세이를 쓰게 하는 실험을 했다.

한 그룹에게는 최근에 자신이 죄책감을 느낀 일을 종이에 써서 죄의식을 의식하게 했다. 다른 그룹에게는 앞의 그룹과 달리 최근의 일상생활에 대해 쓰게 했다. 이쪽은 비교를 위한 통제 그룹이다.

그런 다음 케텔라르는 그들에게 짝을 지어 '협상 게임'을 시켜봤다. 게임에서 참가자들은 두 가지 선택을 할 수 있다.

상대방에게 협력할 것인가,
아니면 상대방을 배신할 것인가.

그리고 이 선택에 따라서 각자 자신이 얻을 수 있는 이익이 결정되었다. 총 40회의 협상 게임을 실시한 뒤 그중 협력을 선택한 비율을 조사했더니 죄책감을 강하게 의식한 그룹에서는 53퍼센트, 통제 그룹에서는 39퍼센트가 나왔다.

죄책감을 강하게 의식한 그룹은 다른 사람들에게 어쩐지 협력적이고 친절하게 대했다. 비록 협상에서 자신이 손해를 보게 되더라도 상대방에게 협력하는 쪽을 택했다.

죄책감을 지닌 사람은 부채의식 때문에 보통 사람보다 더 친절해진다. 젊은 시절에 나쁜 짓을 실컷 해본 불량한 학생이 나중에 학생들의 마음을 이해하는 훌륭한 교사가 됐다는 이야기는 누구나 들어보지 않았는가? 심리학적으

배신과 협력 중, 협력을 선택한 비율

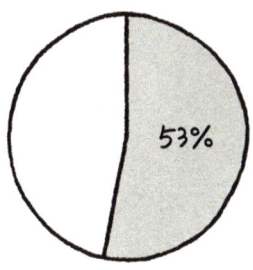

죄책감을 의식한 그룹

"손해를 봐도 협력할래요"

"내 이익이 가장 중요한걸요"

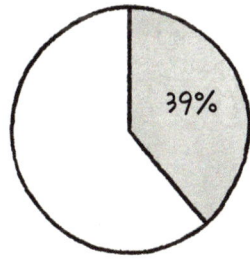

죄책감을 의식하지 않은 그룹

로 분석하면 그런 사람은 나쁜 일을 해봤기 때문에 훌륭한 선생님이 될 수 있었던 것이다.

나쁜 짓을 전혀 해보지 않았다면 아마 어설픈 선생님이 됐을 것이다. 이해심 많고 다정한 선생님이 될 수 있었던 건 자신의 경험을 토대로 학생의 입장에서 생각할 줄 알고 충분히 예전의 어두운 과거를 반성했기 때문이다. 즉 죄책감이 있어야 사람은 지난날의 과오를 반성하며 착한 성품이나 상냥한 마음을 기를 수 있다.

가장 무서운 상사가
당신을 제일 아끼고 있다

부모가 아이에게 예의범절을 가르칠 때는 아무래도 아이가 싫어하는 일을 시키거나 강요해야 하는 상황이 생긴다. 가끔은 엄하게 다스려야 아이가 엇나가지 않으므로 아무리 눈에 넣어도 아프지 않을 자식이라도 훈육을 할 때는 단호한 태도를 보여야 한다.

그러나 그 순간 아이에게 죄책감을 느끼는 부모가 꽤 많다.

하지만 그것은 아이에 대한 책임감이 크다는 뜻이기도 하다. 죄책감을 느낄 정도로 아이에게 엄하게 대하는 부모는 그만큼 책임감이 강해서 좋은 부모가 되기 위해 노력하고 있는 것이다. 그러니 아이에게 미안한 마음이 들 때면, 그건 당신이 훌륭한 부모라는 증거고 충분히 잘하고 있다는 사실을 떠올리길 바란다.

반대로 아이를 자유방임하여 전혀 혼내지 않는 부모가 있다고 하자. 그런 부모는 당연히 죄책감을 느낄 일이 없을 것이다. 아이가 싫어하는 일을 전혀 하지 않기 때문이다. 그러나 이런 부모는 아이에 대한 책임도 포기한다는 뜻이 아닐까?

엄격한 선배, 피도 눈물도 없는 상사 역시 마찬가지다. 후배나 부하 직원을 엄격하게 지도한 다음 그들도 미안함을 느낀다. 하지만 그렇게 따끔하게 말을 해야 후배들이 다른 곳에 가서 같은 실수를 반복하지 않기 때문에 책임감을 가지고 싫은 소리를 하는 것이다.

'어차피 내 일이 아니니까 얼굴 붉히며 혼낼 필요 없지.'
'후배가 어떻게 되든 내 알 바 아니야.'

이렇게 생각하는 사람이라면 부하 직원에게 쓴소리를 하지 않는다. 귀찮고 그런 일을 했다가는 미움받을 것이 뻔하기 때문이다. 그렇지만 책임감 있는 상사는 다르다.

그저 사람 좋은 미소를 지으며 후배의 잘못을 바로잡아

주지 않아도 괜찮다. 하지만 자신이 미움을 받게 되더라도, 그 일로 부하 직원이 성장하기를 바라기 때문에 마음을 모질게 먹고 화를 낸다. 물론 그 후에 속상한 후배의 표정을 보며 미안함 마음에 죄책감이 들겠지만 그 또한 꾹 참는다.

죄책감을 잘 느끼는 사람은 '보고도 못 본 척'할 수 없는 사람이다. 그만큼 책임감이 있어서 남의 위에 설 자격이 있다고 할 수 있다.

Check!

타인에 대한 엄격함은 책임감의 표현이다.

: 죄책감을 역으로
   이용하라

미국 서던캘리포니아대학교의 스콧 윌터무스Scott Wiltermuth 교수는 '성격 및 사회 심리학 저널'에 죄책감에 관한 재미있는 연구 결과를 발표했다.

마트에서 물건을 사고 나왔는데 거스름돈을 더 받은 것을 깨달았다. 이때 당신의 기분은 어떤가?

이득을 얻어 좋다는 사람도 있었고, 빚을 진 것 같아 기분이 좋지 않다는 사람도 있었다. 윌터무스는 '좋다'를 0점, '나쁘다'를 10점으로 하여 그 합계 득점으로 죄책감의 강도를 측정했다.

실험이 끝나고 다시 한 번 참가자들에게 '당신은 얼마나 다른 사람에게 민폐를 끼치고 싶지 않아하는 사람인가?'라는 질문도 덧붙였더니, 놀랍게도 죄책감 테스트에서 고득점을 받은 사람일수록 '남에게 폐를 끼치고 싶지 않다'라는 마음도 강하다는 사실이 드러났다.

남에게 기대지 않고 자신의 힘으로 일어서는 힘을 '자립심'이라고 하는데 죄책감을 잘 느끼는 사람은 자립심 역시 뛰어나다.

죄책감을 잘 느끼는 사람은 남에게 폐를 끼칠 바에야 자신의 힘으로 극복하겠다고 생각한다. 자의든 타의든 자립심이 생기는 것이다.

죄책감이 강한 사람은 다른 사람에게 도움을 받으면 매우 무거운 짐처럼 느낀다. 반드시 갚아야 할 마음의 빚이 되어 빨리 갚지 않으면 초조해지고 온통 신경이 쓰인다.

그래서 그들은 처음부터 남의 힘에 의지하지 않으려 노력한다.

나도 죄책감을 잘 느끼는 편이라서 이런 마음의 구조를 종종 느끼기도 한다. 남에 도움을 받으면 편하다는 것을 머리로는 알고 있지만, 다른 사람의 도움을 받으면 나 자신이 괴로워져서 견딜 수가 없다. 그래서 되도록 자신의 힘만으로 어떻게든 해결하려는 마음이 든다. 다행히 나는 혼자서 일하고 있기 때문에 남에게 그렇게 의지하지 않고, 덕분에 죄책감이나 의무감을 덜 수 있다.

누군가에게 도움을 받을 때 마다 죄책감이 심하게 든다면
타인에게 기대려고 하기보다
스스로 일어날 수 있는 힘을 키우는 게 낫다.

아닌 척, 괜찮은 척, 좋은 척
위선적인 사회생활이 힘들다면

마음에도 없는 말이나 행동을 하는 것을 위선적이라
고 한다. 예를 들면 야근 따위 하고 싶지 않는데 "마땅히
해야 하는 일이죠"라고 말하며 미소를 머금은 채 일하는
모습을 보여주는 것이 위선이다. 중요한 거래처 담당자가
자신의 아들 사진을 보여주며 자랑할 때, 얼빠진 얼굴이
라고 생각해도 "우와, 아드님이 정말 똑똑해 보이네요"라
고 아부하는 것도 위선이다. 하지만 이들을 위선적이라고
무조건 욕할 수는 없다. 사회생활을 하기 위해서는 어쩔
수 없으니 말이다.

그런 행동을 하고는 거짓말쟁이가 된 것 같은 기분에 의
기소침해지는 경우도 있다. 하지만 안심해라. 자신이 위선

적이라는 생각에 고통받는 사람 중에 진짜 악질 위선자는 없으니까.

이중적인 면모 역시 자세히 살펴보면 장점이 있다. '나는 이중적인 사람이야'라고 생각하는 사람은 안 좋은 일을 하고 있다고 인식하여 양심의 가책을 느낀다. 그리고 그런 불쾌한 느낌을 없애기 위해 속죄하는 마음으로 타인에게 친절하게 행동하거나 착한 일을 찾아 행동한다.

성공한 사람들을 보면 자선 활동에 힘쓰는 경우가 많다.

철강왕이라고 불린 '앤드류 카네기'나 자동차 왕 '헨리 포드', 마이크로소프트로 세계를 제패한 '빌 게이츠'도 경쟁자를 밀어내기 위해서 위험한 일을 했다고 한다.

그래서 그들은 자신의 자산 대부분을 들여서 콘서트홀이나 도서관을 짓는 등 다양한 자선 활동을 펼쳤다. 양심의 가책을 느끼지 못했으면 그 정도로 큰 원조는 하지 않았을 것이다.

프랑스 프로방스대학교의 발레리 폰시아트Valerie Fointiat 교수는 위선적인 사람일수록 다른 사람을 돕고 싶은 마음도 강하다고 말했다.

위선적인 생각을 하거나 위선적인 행동을 하는 것은 결코 남에게 칭찬받지 못할 수도 있다. 하지만 그것으로 강력한 원조의 마음도 가질 수 있다면, 결국은 플러스가 되지 않을까?

적어도 원조하고 싶은 마음이 전혀 없어서 어떤 누구에게도 친절하지 않은 사람보다 훨씬 유익한 일을 하는 것이다.

독자 여러분에게 위선의 마음이 있다면 그것을 보충하기 위해서라도 남에게 계속 친절하게 대하기 바란다. 그렇게 하면 남들은 여러분에게 고마워할 테니 여러분의 마음도 편해질 것이다.

Check!

**양심의 가책을 느끼는 사람일수록
남을 돕고 싶다는 마음도 강하다.**

당신에게 사소한
좌절이 필요한 이유

모든 일이 잘 풀리거나 성공할 때 사람은 반성하지 않는다. 모든 일이 순조롭기 때문이다.

진심으로 자신이 하는 일을 돌아보며 '왜 이렇게 됐지?' 하고 진지하게 반성하는 것은 큰 실패를 했을 때뿐이다. 역설적이게도 사람은 실패하지 않으면 반성할 수 없다.

사람은 실패를 통해서 더욱더 신중해지고 미래를 대비하게 된다. 자신의 행동을 바꾸려고 마음을 먹기도 한다. 그런 의미에서는 좌절할 것 같은 경험을 한 사람일수록 변화할 기회를 얻는다고 할 수 있다.

미국 노터데임대학교의 수잔 나스코Suzanne Altobello Nasco 박사는 학생 293명이 한 달이라는 기간을 두고 시험을 두 번 봤을 때 첫 번째 시험에서 따끔한 맛을 본 학생일수록 두 번째 시험에서 제대로 준비하여 좋은 성적을 얻었다는 연구 결과를 발표했다.

첫 번째 시험에서 나름대로 좋은 성적을 얻은 학생은 자만해서 준비를 게을리하게 됐다. 그 때문에 두 번째 시험에서는 결과가 엉망이었다고 한다.

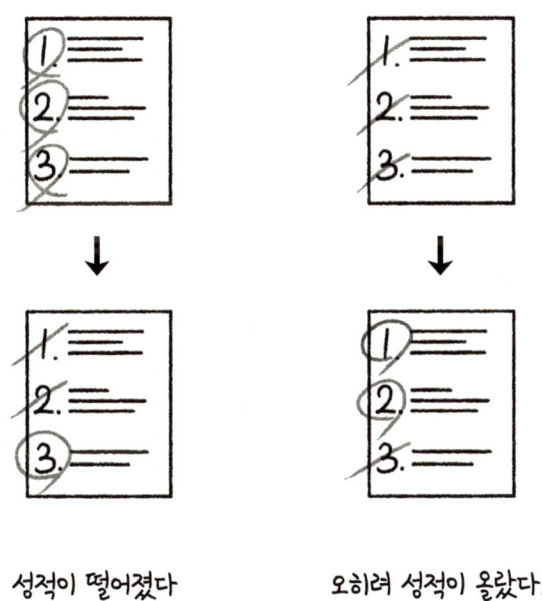

성적이 떨어졌다   오히려 성적이 올랐다!

'인간만사새옹지마人間萬事塞翁之馬'라는 말이 있다.

나쁜 일도 장기적으로 보면 자신에게 도움이 되는 경우가 있다는 뜻이다.

실패하는 것은 단기적으로 보면 나쁜 일일지 모른다. 하지만 실패를 통해 앞으로 자기 혁신을 할 수 있다는 관점에서 보면 매우 유익한 일이라고 생각할 수도 있다.

아무튼 인간은 정말로 호된 경험을 했을 때만 반성한다.

그러므로 적어도 한 번은 호되게 당해서 콧대가 꺾여 봐야 좋은 경험이 되지 않을까?

모든 일이 순조로운 사람에게 엄격한 자기반성을 해보라는 것은 매우 어렵다. 아무래도 자만해서 진지하게 반성하고 개선하려는 마음이 좀처럼 생기지 않을 것이다.

공자나 그의 제자 정도의 성인이라면 하루에 세 번이든 네 번이든 반성할 수 있겠지만 보통 사람은 그렇게까지 하지 못한다. 성공가도를 달리고 있을 때는 더더욱 그렇다.

성공한 사람은 뭔가를 개선하려는 필요성도, 자신을 더 성장시키려는 의욕도 느끼지 못한다. 그런 탓에 겨우 현상 유지만 할 수 있어서 대부분의 경우는 퇴화한다.

젊을 때 자꾸 실패해야 한다는 말도 젊을 때 실패해야 장래에 좋은 결과를 준다는 것을 경험해 봐서 알기 때문일 것이다.

실패를 꺼리면 안 된다.
오히려 자꾸 실패해서 호된 경험을 하는 것이 좋다.

Check!

사소한 좌절감은 긍정적인 힘이 된다.

4장

비관적인 사람일수록 위기 상황에 강하다!

'못할 수도 있어'라는
한마디의 힘

일반적으로 밝고 긍정적인 성향의 사람이 호감을 얻는다고 생각한다. 반면에 어둡거나 비관적으로 생각하는 사람은 어디를 가나 그다지 환영받지 못한다. 그럼 비관적 성향은 고쳐야하는 단점일까?

논문을 조사했더니 비관적인 성격도 결코 나쁜 것만은 아니라는 사실이 드러났다. 지금부터 그 연구 데이터를 소개하도록 하겠다.

먼저, 비관적 성향의 가장 큰 장점은 엄청난 노력가라는 점이다.

낙관적인 사람은 모든 상황을 낙관적으로 생각한다. '아마 괜찮겠지'라며 근거도 없이 긍정적일 뿐, 필요한 노력을 하지 않는다. 반대로 비관적인 사람은 보통 사람과 똑같이 행동하더라도 다양한 실패의 경우를 떠올리며 두려워한다. 그래서 끊임없이 노력할 수 있다.

미국 오하이오주에 있는 토레도대학교 앤드루 기어스 Andrew Geers 박사의 연구에 따르면, 낙관적인 사람은 모든 예상이 지나치게 무른 경향이 있다고 한다.

예를 들어 어떤 건강 증진 프로그램에 참가할 때, 낙관적인 사람은 건강 증진 프로그램에 어떤 것들이 있는지 구체적으로 찾아보지도 않은 채 '나라면 프로그램을 잘 따라 할 수 있을 거야!'라고 쉽게 예상한다. 그러나 실제로는 끝까지 완료하지 못하고 끝나는 경우가 많았다.

반면에 비관적인 사람은 '내가 못할 수도 있어'라고 예상한다. 그 때문에 프로그램에 대한 정보를 미리 찾아보고, 연습을 해보기도 하며 준비한다. 그래서 막상 뚜껑을 열어보면 비관적인 사람이 낙관적인 사람보다 무언가를 해내는 능력이 더 뛰어난 것을 알 수 있었다.

모든 일에 끈기 있게 임한다는 점에서 비관적인 사람이

낙관적인 사람보다 성공한다고 말할 수 있다. 비관적이라고 모든 점에서 낙관적인 사람만 못한 것이 아니라는 점을 이해하자.

참고로 말하자면 낙관적인 사람에게 일의 예산이나 기간을 예상하게 하면 아마 예산이든 기간이든 오버하는 결과가 나올 것이다. 그들의 전망은 낙관적인 만큼 지나치게 무르기 때문이다. 그러니 예산이나 인원, 기간 등의 계획을 세울 때는 비관적인 사람에게 부탁하는 것이 좋다는 점도 잊지 말자.

Check!

위험도를 높게 평가하는 습관이 성과를 가져온다.

치고 빠지는
타이밍을 아는 사람들

낙관적인 사람은 상황을 제대로 보기 힘들다.

100의 노력이 필요한 상황에서도 80 정도의 힘을 내면 쉽게 처리할 수 있다고 믿는다. 그러나 현실은 그리 호락호락하지 않기에, 결국은 근거 없는 믿음의 대가를 톡톡히 치르게 된다.

100의 노력이 필요할 때, 150 정도의 힘을 내야 성공한다고 생각하는 비관적인 사람은 자신이 가진 힘보다 더 많은 힘을 내서 노력한다. 그래서 막상 일을 시작하면 '어라? 생각한 것보다 꽤 쉽잖아?'라고 느껴서 끝까지 포기하지 않고 해낼 수 있다.

낙관적인 사람은 상황이 나빠져도 사태가 그다지 심각하

다고 생각하지 않는다. 그래서 철수해야 할 시기를 놓치는 경우가 꽤 많다. 비관적인 사람은 자신의 예상과 다르게, 상황이 아주 조금이라도 나빠졌다고 느끼면 즉시 타개할 방법을 생각하거나 빠져나갈 해결책을 찾는다. 그래서 상황이 더 악화되기 전에 그만둘 타이밍을 맞출 수 있다.

오스트리아에 있는 요하네스 케플러대학교의 브란트슈테터Brandstatter 교수는 낙관적인 사람은 '비현실적인 낙관성'을 지니고 있어서 끝이 안 좋은 경우가 많다고 설명했다.

예를 들어 신규 오픈한 점포의 매출이 처음과 달리 정체되거나 떨어지고 있다고 생각해보자. 낙관적인 오너는 '곧 오르겠지'라고 생각해서 상황을 두고 보기로 한다.

반면에 비관적인 오너는 생각처럼 매출이 오르지 않는다고 깨달았을 때 여러 가지 방법을 시도해보고 그래도 회생 가능성이 없다고 판단되면 즉시 그 점포를 처분할 계획을 세운다. 그래서 조금은 손해를 볼지 모르지만 정말로 심각한 일은 일어나지 않는다.

A 낙관적인 사람

B 비관적인 사람

·근거 없는 긍정에 의존한다.
·리스크를 예측하지 못한다.
·아무것도 하지 않는다.

·매출이 제자리인 원인을 찾는다.
·리스크를 철저히 분석한다.

매출을 올리기 위한
다양한 방법을 시도한다.

매출이 계속해서 떨어져
점포를 헐값에 넘긴다.

약간의 손해를 감수하더라도
큰 피해는 입지 않는다.

그때
팔았어야 하는데

휴!

도망쳐야 할 때를
아는 것도 능력이다

앞서 말했듯이 비관적인 사람은 근본적으로 '세상만사가 그리 쉽지 않다'고 생각하기 때문에 아주 조금이라도 안 좋은 기미가 보이면 곧바로 살아남을 궁리를 한다. 침몰하는 배에서 가장 먼저 도망치는 쥐와 같은 셈이다.

하지만 낙관적인 사람은 쉽게 도망칠 생각을 하지 못한다. 아무런 근거도 없으면서 '조만간 상황이 개선될 거야'라며 굳게 믿고 철수할 생각을 뒤로 미룬다. 근거가 없는 막연한 긍정은 완전히 손쓸 길이 없는 상태가 될 때까지 방치할 뿐이다.

이처럼 철수해야 하는 상황에 좀처럼 판단을 내리지 못하는 것을 '콩코드의 오류Concorde Fallacy'라고 한다.

콩코드는 영국과 프랑스가 공동 개발한 초음속 여객기였다. 투자 금액이 약 10억 달러에 달하는 이 여객기는 세련된 디자인과 지구상에서 가장 빠른 여객기라는 타이틀로 전 세계인들의 이목을 집중시켰다. 그러나 몸체가 좁아 수용인원이 제한적이었고 연료 소모량이 많아 탑승 비용은 높아졌다. 게다가 1970년 오일 파동으로 인해 세계적으로 불황에 빠지자, 실용성과 경제성이 낮은 콩코드기는 결국 외면받게 되었다.

그러나 영국과 프랑스는 끝까지 포기하지 않았다. 정부의 실패를 인정해야 하는 부담감 때문이었다. 결국 2000년 콩코드기 폭발사고로 탑승자 전원이 사망했고, 누적적자를 버티지 못해 2003년 운항을 중단할 수밖에 없었다. 이후 잘못된 결정을 인정하지 않고 정당화하기 위해 밀고 나가는 행동을 '콩코드의 오류' 또는 '매몰 비용의 오류'라고 부르게 되었다.

모든 일은 쉽게 포기하면 안 된다고 하지만 재빨리 도망쳐야 할 때도 있다. 그런 점에서 비관적인 사람은 도망치는 것도 훌륭한 전술이라는 것을 잘 아는 지략가라고 할 수 있다.

돌다리도
두드려봐야 하는 법

주위 사람들이 아무리 '넌 너무 생각이 많아. 그렇게 걱정하지 않아도 돼. 괜찮다니까'라고 말해도 비관적인 사람은 안심하지 못한다. 이런 사람은 상황에 대해 미리 준비가 되어 있지 않으면 불안해하는데, 결과적으로는 성공하는 경우가 많다.

'미팅 때 이 주제뿐만 아니라 다른 얘기도 할 수 있으니까 미리 준비해놓자.'
'모처럼 잡은 기회니까 다른 기획서를 두 가지 정도 여분으로 만들어놓자.'

이런 느낌으로 확실히 준비할 수 있는 점이 비관적인 사람의 장점이다.

비관적인 사람은 실력과 재능이 아무리 뛰어나도 자신을 믿는 법이 없다. 실패의 싹을 1퍼센트라도 잘라버리기 때문에 호랑이에게 날개를 단 격이다.

미국 노스캐롤라이나대학교의 로렌스 산나Lawrence Sanna 교수는 비관적으로 보이는 학생과 낙관적으로 보이는 학생에게 '10일 후 시험에서 몇 점을 받을 수 있다고 생각하는가?'라고 물어봤다.

당연히 비관적인 사람은 자신의 점수를 낮게 예상했다.

하지만 실제 시험에서는 비관적인 사람과 낙관적인 사람의 차이가 없었다. 오히려 비관적인 사람의 점수가 약간 높게 나왔다. 아마 확실히 준비해놓은 덕택일 것이다.

비관적인 사람의 걱정은 대부분의 경우 기우로 끝난다.

그렇지만 현재 상황에 안심하지 않는 것이 비관적인 사람의 미덕이다. '한 번 성공했다고 해서 우쭐해지면 안 된다. 다음에는 실패할 수도 있으니까'라며 언제든지 자신을 경계할 수 있는 점이 비관적인 사람의 특징이다.

비관적인 생각만 하면 분명히 본인은 고통스러울 것이다. 긍정적으로 세상을 살아갈 수 없는 자신을 저주할 수도 있다.

하지만 실패의 싹을 모조리 잘라버리려고 하는 행위는 결과적으로 큰 실패를 부르지 않을뿐더러 스스로를 더 나은 사람으로 만든다는 미덕으로 이어진다. 부디 이 점을 충분히 인식해서 비관적인 감정이 솟아나면 부정하지 말고 받아들여보자.

> **Check!**
>
> '완벽하게 준비해놓는 버릇'을 소중히 하자.

결국 우직한 사람이
끝까지 해낸다

지나치게 정직해서 임기응변으로 대처하지 못하고, 확고하게 한 가지 목표를 향해 달려가는 사람을 우리는 우직한 사람이라고 부른다.

'우직'이라는 단어에 '어리석다'라는 뜻이 포함되어 있는 점에서도 알 수 있듯이, 칭찬하는 말이라기보다는 욕에 가깝다.

우직한 사람의 마음가짐은 이것저것 손익을 따져가며 행동하는 계산적인 사람과는 정반대다. 때로는 서투르고 완고한 점이 두드러지는 탓에 비웃음의 대상이 되는 경우도 있어서 우직한 성격을 고치고 싶어 하는 사람도 있을지 모른다.

우직한 사람은 타인의 평가보다 자신의 생각을 가장 소중히 한다. 주위 사람들의 시선이나 말에 좌우되지 않으므로, 일단 자신이 하겠다고 결심한 일은 결코 내팽개치지 않는다.

요즘 세상에 이렇게까지 한 가지 일을 계속 할 수 있다는 것은 매우 훌륭한 일이 아닐까?

다이어트를 위해 운동하겠다고 결심해도 대부분 3일도 못 버티고 그만둔다. 자격증을 따기 위해 공부를 시작해도 보통 사람이라면 쉽게 그만두는 경우가 많다.

그런데 우직한 사람은 일단 자신이 결심한 일은 죽어도 끝까지 해낸다. 그런 강한 의지력이 있다.

이솝 우화 《토끼와 거북이》를 예로 들면 우직한 사람은 거북이다. 거북이는 토끼에 비해 달리는 능력이 떨어진다. 하지만 먼저 목표에 도달한 것은 거북이였다.

인간도 마찬가지다. 우직한 사람이 재능 있는 사람을 뛰어넘는 경우가 종종 있다.

미국 펜실베이니아대학교의 안젤라 더크워스Angela Duckworth
박사는 '내셔널 스펠링 콘테스트'라는 철자 능력을 겨루는
전미 대회에 참가한 아이들 190명을 조사한 적이 있다.

참가자들은 미국 전역에서 모인 철자 영재들이었다. 더
크워스는 그 아이들이 원래 뛰어난 기억력의 소유자인지,
아니면 언어 지능이 대단히 높기 때문에 철자 영재가 된 것
인지 조사했는데 전혀 예상치 못한 결과가 나왔다.

그들의 기억력은 보통 수준이었다. 지능지수 역시 지극
히 평범했다. 하지만 그들만의 특징이 있었다.

바로 '언제까지나 계속 노력할 수 있는 힘'이었다.

보통의 아이들이라면 지겨워서 내팽개칠 상황이라도 그
들은 우직하게 연습을 계속했다.

천재는 천부적인 재능을 지닌 사람이 아니라, 계속 노력
할 수 있는 능력을 지닌 사람을 뜻한다.

'그 사람은 한 가지 일밖에 못해'라고 무시당할 때도 있
겠지만, 그런 것은 신경 쓰지 않아도 된다.

한 가지 일을 계속 할 수 있는 것은 대단하다. 일단 한번 시작하면 끝장을 보는 우직한 성격을 지닌 사람은 학업에서든 일에서든 반드시 성공한다.

Check!

앞으로는 '우직하다'라는 말을 칭찬으로 생각하자.

신입사원이 장밋빛 미래를
꿈꾸면 안 되는 이유

모든 일을 시작하기 전에 '이제부터 해야 하는 일은 매우 힘들 거야'라고 생각해보자.

앞으로의 일이 어렵다고 인지한다면, 조금 힘들거나 뜻대로 풀리지 않는 순간이 와도 쉽게 포기하지 않는다. 이렇듯 어려움을 미리 예상해놓으면 참을성을 기를 수 있다.

참고로 신입사원은 가능한 한 밝은 미래를 기대하지 않는 편이 좋다. 어떤 업종이든 마찬가지로 편하기만 한 일은 없기 때문이다. 그 사실을 확인시켜줄 연구결과가 있다.

미국 텍사스대학교의 인장Yin Zhang 교수는 대학생 191명에게 절대로 풀 수 없는 애너그램(Anagram, 흩어져 있는 단어들을 재배열해 의미 있는 단어를 만드는 게임) 문제를 주고 얼마 만에 포기하는지 조사했다. 단, 이 실험에서는 아무리 다시 배열해도 풀 수 없는 문제를 줬다. 얼마나 참을성 있게 단어를 배열해나가는지를 알아보는 것이 실험의 목적이었기 때문이다.

실험에 앞서 A그룹의 학생들에게는 '작업이 어려워서 쉽사리 풀 수 없을지도 모른다'라고 알려줬다. B그룹의 학생들에게는 '쉬운 작업일 테니 걱정 말라'고 말했다. 실험이 시작되고 난 뒤, 각 그룹의 학생들이 실제로 문제를 포기하기까지 얼마나 걸렸을까?

A그룹은 평균 7.91분, B그룹은 6.29분 만에 포기했다.

이 실험으로 알 수 있듯이 사람은 '작업이 힘들다'라고 생각하면 아무리 풀지 못하는 문제라고 해도 쉽게 내던지지 않는다. 반면에 걱정하지 말라는 달콤한 기대는 발목을 잡을 뿐이었다.

'일이 힘든 것은 당연하다.'
'세상에 쉬운 일은 없다.'

일에 대해서는 이 정도로 생각해놓으면 좋다. 그러면 실제로 곤경에 처해도 당황하지 않기 때문이다. 기대에 어긋나거나 실망할 일도 없다.

절대로 달콤한 기대 따위는 하지 마라.
현실은 그렇게 만만하지 않은 경우가 대부분이다.

스트레스를 줄이고 싶다면, 여러 가지 경우의 스트레스 상황을 미리 예상해놓자. 그렇게 하면 '뭐야, 의외로 별일 아니네'라고 말할 수 있을 것이다.

Check!
'일은 당연히 힘든 것'이라고 이해하면 스트레스를 줄일 수 있다.

: 위기 상황은
전부 예상했던 범위다!

아무리 힘든 일이라도 미리 예상하면 그 괴로움을 견딜 수 있다. 모든 건 예상했던 범위일 테니 말이다. 이를 '스트레스 예상 효과'라고 한다.

비관적인 사람은 스트레스를 예상할 수 있는 사람이기도 하다.

비슷한 정도의 스트레스 강도라면, 예상하고 있느냐 아니냐에 따라 체감 스트레스의 강도는 크게 달라진다. 스트레스 받을 것을 미리 알고 있으면 실제로는 스트레스를 그다지 강하게 느끼지 않는다.

미국 듀크대학교의 앤드루 카튼Andrew Carton 박사는 실험 참가자들에게 문장 중에 알파벳 'A'로 시작되는 단어를 찾아내는 작업을 요청했다. 단, 참가자 절반에게는 감독관이 이런저런 방법으로 약간의 방해를 할 것이라고 말해놓았다. 스트레스 요소를 미리 예상하게 한 것이다. 그러나 나머지 절반에게는 이러한 사실을 귀띔해 주지 않고 작업하는 도중에 갑자기 방해했다. 총 12분의 작업 시간 동안 얼마나 많은 단어를 찾아냈는지 조사해보니 스트레스를 예상한 그룹에서는 평균 144.11개를, 예상하지 못한 그룹에서는 125.84개의 단어를 찾아냈다.

스트레스를 예상한 그룹은 방해가 들어와도 스트레스에 별로 시달리지 않고, 짜증내는 일도 없었으며, 작업에 집중했다. 그래서 상대 그룹보다 많은 작업량을 처리할 수 있었다. 이처럼 스트레스를 예상해 놓는 것은 정신건강에도 좋고 작업의 효율에도 좋은 영향을 미친다.

비관적인 사람들은 일할 때도 '상사가 갑자기 급한 업무를 줘서 내 일이 방해받을지도 몰라', '불시에 고객이 찾아와서 오늘의 작업량을 채우지 못할 수도 있어'라고 예상한다. 그렇게 하면 실제로 스트레스를 느끼는 사태가 일어나도 어떻게든 견딜 수 있다.

장밋빛 미래만 상상하면 갑작스러운 스트레스 발생 상황에서 적절히 대처할 수 없다. 따라서 비관적인 사람처럼 어두운 미래를 생각하고, 스트레스를 예상해놓는 것은 절대로 나쁜 일이 아니다.

Check!

장밋빛 미래를 지나치게 기대하면 변수에 대처하지 못한다.

폭발적인 힘을 내는
'아드레날린 러시'를 이용하라

아무리 마음의 평화를 유지하는 척 연기해도 사소한 일로 끙끙 앓으며 속으로 고민하는 사람들이 꽤 많다. 겉으로 티내지는 못하지만 속으로 이런저런 고민이 끊이지 않는 타입이다.

'일이 잘 안 풀리면 어쩌지?'

'실패하면 어떡해?'

이런 고민들로 마음 속이 하루도 편하지 않다.

이럴 때는 두려운 감정에 지배당했다고 할 수 있다. 겁쟁이가 되는 것이다. 하지만 이것을 부끄러워할 필요는 없다. 겁쟁이인 덕분에 어떤 능력을 발휘할 수 있기 때문이다. 그 능력이란, 위기를 감지하는 힘이다.

예를 들어 고양이는 겁이 매우 많은 동물이다. 새근새근 잠들었을 때도 아주 작은 소리가 나면 곧바로 눈을 뜨고 일어난다. 그만큼 위기 감지 능력이 높다는 뜻이기도 하다. 겁이 많기 때문에 위험을 미리 감지하고 피할 수 있다.

결국 '높은 위기관리 능력'이야말로 겁쟁이들의 가장 자신 있는 기술이다.

또한 소심한 사람들은 겁이 많기 때문에 비교적 안정된 인생을 보낼 수 있다. 단순한 호기심 때문에 위험이 따르는 일을 시작하지도 않고 모험에 빠지는 일이 거의 없기 때문이다. 위험한 다리를 건너는 듯한 일은 절대 하지 않으므로 인생에 큰 위기를 초래하는 경우도 없다.

"회사에 지각하면 뭐 어때. 찜찜한 생각이 드는 건 사무실에 들어가는 순간뿐이야"라고 동료가 말해도 겁이 많은 사람들은 그 말을 듣지 않는다. 그런 행동을 하다가 걸리기라도 하면 회사에서 안 좋은 평가를 받을 거라는 생각 때문이다. 그들은 다른 사람이 지각을 하든 말든 자신만은 지각하지 않도록 조심하고 또 조심한다.

"이율이 매우 좋은 금융 상품이 출시됐어. 위험률은 높지만 대부분의 사람들이 돈을 번대. 너도 같이 할래?"라고 구미가 당기는 이야기를 해도 절대 넘어가는 법이 없다. 조금이라도 위험한 일에는 손을 대지 않기 때문이다. 제아무리 많은 돈을 버는 일이라고 해도, 위험이 따르는 일에는 처음부터 마음을 움직이지 않는다.

여기까지 읽으면 겁쟁이는 아무런 도전도 하지 않는 사람이라고 오해하기 쉬운데 절대 그렇지 않다. 겁이 많은 사람은 위기를 피하는 일이라면 매우 적극적으로 행동한다.

위험에 처했을 때도 마찬가지다. '인간은 위기상황에서 초인적인 힘을 발휘한다'라는 사실은 이미 널리 알려져 있다. 심리학에서는 이를 '아드레날린 러시'라고 부른다.

우리 몸에서는 위험을 감지할 때나 스트레스를 받게 되면 뇌나 뼈대 근육 부분의 혈관을 확장시켜 정신을 가다듬어 근육이 스트레스에 잘 대처하도록 아드레날린이라는 호르몬이 분비된다. 스트레스는 저하되고 기분이 좋아지며 폭발적인 힘이 솟아나는 상태, 이것이 아드레날린 러시다.

겁쟁이가 위기를 피하기 위해 엄청나게 적극적인 행동을 하는 것도 아드레날린 러시가 일어나기 때문이다.

겁쟁이가 활동적으로 일할 수 있는 이유도 실직한 후의 어려운 상황을 생생히 떠올리고 난 후 '직장에서 잘리면 안 돼'라는 마음을 항상 기본적으로 깔아놨기 때문일 것이다. 그렇기 때문에 날마다 일에 매진할 수 있다.

2000년 시드니 올림픽의 철인 3종 경기에서 유독 수영 종목에서만 개인 최고 기록을 갱신하는 선수가 속출했다. 선수와 관계자, 그 누구도 예측하지 못한 깜짝 놀랄만한 결과였다. 왜 수영 기록만 월등하게 좋아진 걸까?

그 이유는 단순했다. 선수들이 경주하는 바다에 상어가 있다는 소문을 믿은 것이다. 주최 측은 경기 중에 상어를 만날 확률은 벼락 맞을 확률보다 희박하다고 설명했으나 소문은 끊이지 않았다. 결국 자신이 헤엄치는 바다에 상어가 있다고 생각한 선수들은 상어를 피하기 위해서 온 힘을 다해 헤엄쳤다.

두려운 것이 많고 사소한 것에도 고민이 많다고 해서 부끄러울 필요는 전혀 없다. 겁쟁이는 때때로 타고난 집중력과 놀라운 능력을 발휘해 맡은 일을 훌륭하게 해내기 때문이다.

Check!

'아드레날린 러시'를 이용하면 무엇이든 할 수 있다.

5장

콤플렉스를
역으로 이용하는 처세술

'호감을 사는 이유'가
'미움을 사는 이유'가 된다

'다정하다.'

'남을 잘 돌본다.'

'유쾌하다.'

'적극적이다.'

이런 요소들은 사람들에게 쉽게 호감을 얻을 수 있는 것들이다. 쉽게 말하면 플러스 기질을 가진 사람이라고 할 수 있다. 그러나 '복이 있으면 재앙이 있고, 재앙이 있으면 복이 있다'라고 하듯이 호감을 얻는 요소가 미움받는 원인이 되거나 반대가 되는 경우도 종종 있다.

미국 캘리포니아 주립대학교의 다이애나 펨리Diane Felmlee

교수는 이런 현상을 '페탈 어트랙션fetal attraction'이라고 명했다. 직역하면 '치명적인 매력'이라는 뜻인데 원래 매력적으로 느꼈던 것이 어느 정도 지나면 반대로 혐오감을 느끼는 원인이 되는 경우를 말한다.

펨리는 100쌍의 커플들을 대상으로 교제를 시작한 이유와 헤어진 이유에 대해 조사했다. 그중에서 상대가 원래 '즐거운 사람'이라서 교제하기 시작했는데, 얼마 지나자 '경박한 사람'이나 '무책임한 사람'이라고 느껴져서 헤어지기로 한 사람이 22.8퍼센트나 됐다고 한다.

또한 처음에는 '남을 잘 돌본다'는 이유로 교제했는데, 점점 '구속한다'라고 느껴져서 헤어지는 사람도 19.6퍼센트였다고 한다.

상대방의 성격이 달라진 것이 아니다. 단순히 자신의 눈에 비치는 모습이 달라졌기 때문이다.

'즐거운 사람'도 다른 관점으로 보면 '무책임한 사람'에 불과하며, '머리가 좋다'는 것도 '고지식하다'라든가 '자기 혼자 똑똑한 척해서 재수 없다' 등의 이유로 마음이 바뀌는 경우가 있다. 심리학자인 나조차도 사람의 마음은 정말 알

다가도 모를 일이다.

물론 나쁜 인상이 좋은 인상으로 바뀌는 경우도 있다.

첫 만남이 별로였던 상대와 사랑에 빠지는 경우는 흔하다. 연인이 되고 난 후, "사실 첫인상은 정말 별로였어"라고 고백했다는 얘기는 모두가 한번쯤 들어본 적이 있을 것이다. 연인이 아니더라도, 처음에는 '조용하고 재미없는 사람'이라고 생각했지만 '조심스럽고 침착한 사람'이 되는 경우도 있다. 친구나 직장동료 등 모든 인간관계에서도 마찬가지다.

만약에 자신의 성격이 별로 탐탁지 않은(자신에게 그렇게 느껴지는) 경우라도 크게 신경 쓸 필요 없다.

우리는 상대방과의 만남을 거듭할수록 상대를 호의적으로 받아들이는 경향이 있다. 심리학에서는 이를 '단순 노출 효과Mere Exposure Effect' 또는 '숙지성의 원리'라고 하는데, 쉽게 말해 '자꾸 보면 정이 들기 마련'이라는 것이다.

실제로 미국의 사회 심리학자이자 미시간대학교 교수인 로버트 자이언스Robert Zajonc가 오랫동안 반복 실험을 통해 연구한 결과, 사람은 어떠한 자극에 단순히 반복적으로 노출 되면 호감이 증가한다는 사실을 밝혀냈다.

호감은 일반적으로 노출 빈도에 영향을 받으므로, 노출 빈도를 높이면 호감도도 자연스레 높아진다. 그러므로 친해져서 익숙해지게 된다면 어떤 성격도 좋은 평가를 받을 수 있다는 뜻이다.

실제로 이 효과는 에펠탑을 통해 증명되었다.

에펠탑은 1889년 프랑스 대혁명 100주년과 파리 만국박람회를 기념하여 만들어졌는데, 당시 파리 시민들은 고딕 양식의 철골 구조물이 매우 천박하다고 여겼다. 시민들은 우아하고 고풍스러운 파리를 대표하는 건축물로 이 흉물스러운 탑이 세워지는 것에 강력하게 반발했다.

이에 프랑스 당국은 20년만 유지하기로 결정하고 알렉상드로 구스타브 에펠의 건립 계획을 토대로 건축을 진행했다. 1909년 해체 위기를 맞기도 했지만 통신사의 송신탑으로 이용되면서 에펠탑은 철거 위기를 간신히 넘겼다. 그러는 동안 도시의 흉물 취급을 받던 에펠탑은 파리 시민들에게 점차 익숙해졌고 현대에는 파리의 명물로 전 세계 관광객들의 발길을 모으는 상징물로 자리 잡았다.

자신이 콤플렉스로 느끼는 부분이 있다고 해도, 다른 사람이 보기에 그것은 전혀 단점이 아닐 수 있다. 게다가 콤플렉스는 그 사람만의 특징을 보여주며, 당신을 표현할 수 있는 중요한 '개성'이라고도 할 수 있다. 그 특징을 잘 살릴 수 있는 관점에서 보면 의외로 길이 열린다.

Check!

어차피 당신의 이미지는 관점에 따라 달라진다.
그러니까 억지로 성격을 바꿀 필요는 없다.

협상에 자신 없는 사람을 위한 색다른 무기

직장인에게 협상 기술은 필수 능력 중 하나로 간주된다.

그러나 지금 이 장의 제목을 보며, '나한테는 협상의 기술이 없어……'라고 한탄하는 사람도 많을 것이다. 하지만 괜찮다. 이렇게 자각하고 있다는 사실만으로도 걱정할 필요가 없어진다. 자신에게 협상 기술이 전혀 없다고 생각하는 사람은 협상에 의지하지 않기 때문이다.

그런 사람들은 협상 기술을 향상시키기 위해 노력할 필요가 없다. 협상할 필요가 없는 '사전 교섭'의 달인이 되면 그만이다.

협상 기술이 뛰어나다고 섣불리 자부하는 사람은 실제로 협상에 임할 때 실패하지 않기 위해 자신의 말을 끝까지 밀고 나가려고 한다. 그렇기에 오히려 협상은 실패로 돌아가는 경우가 많다.

그럼 어떻게 해야 사전 교섭의 달인이 될 수 있을까?

비결은 간단하다. 협상 전에 상대방을 자꾸 만나러 가서 떠들어대면 된다.

우리는 자주 만나는 사람에게 저절로 친밀감이 상승한다. 여러 번 얼굴을 마주하다 보면 어느 순간 친구 같은 사이가 되는 것이다. 이렇게 되면 조금 무리한 조건을 제시하더라도, 상대방은 '우리 사이에, 이 정도 부탁은 들어줘야

성공하는 사람은 협상 전에 상대를 여러 번 만난다

겠지?'라는 마음이 생긴다. 이것이 사전 교섭이다.

협상을 할 때 딱 한 번 얼굴을 마주하고 나서 모든 사안이 결정되는 경우는 없다. 서로에게 아직 신뢰나 친밀감이 쌓이지 않았기 때문이다. 협상하기 전에는 최대한 상대방과 여러 번 만나두면 좋다. 이것이 성공의 비결이다.

미국 사우스플로리다대학교의 노먼 보이젬Norman H. Voissem 교수는 유사 협상을 진행하는 실험에서 협상이 시작되기 전에 상대방과 자유롭게 대화를 나누게 했던 그룹이 협상 결과를 좋은 쪽으로 이끌어냈다는 사실을 밝혀냈다.

이미 타고난 협상가가 아니라면, 협상의 기술을 키우는 것이 아니라 사전 교섭의 달인이 되는 것을 목표로 하자. 협상으로 승부를 내려고 하지 말고 그냥 상대방을 만나러 가기만 하면 된다. 그것만으로 당신의 협상은 꽤 잘 풀릴 것이다.

유사 협상을 시키는 실험에서 협상이 시작되기 전에 상대방과 대화를 많이 나눌수록 협상 결과가 결정되기 쉬워진다는 사실을 밝혀냈다.

협상으로 어떻게든 하려고 하지 말고 그냥 상대방을 만나러 가기만 하면 된다. 그것만으로도 꽤 쉽게 협상이 성립된다.

걱정이 많은 사람일수록 마지막에 웃는다

소심하고 작은 일에도 걱정이 많은 사람들이 있다. 버드나무를 봐도 유령이 나올 것 같아 벌벌 떨 정도의 인물이다. 그럼 걱정이 많은 성격은 어떤 장점이 있을까?

바로 실무 능력 평가가 높다는 점이다. 지나칠 정도로 걱정이 많은 사람이 사실은 일을 잘하는 사람이라는 것을 보여주는 데이터가 있다.

영국에 있는 골드스미스대학교의 애덤 퍼킨스Adam Perkins 교수는 걱정을 많이 하는 사람일수록 마지막에 미소 짓는 승자가 될 수 있다는 논문을 발표하여 많은 사람들에게 용기를 불어넣었다.

퍼킨스는 금융회사에서 근무하는 매니저 68명에게 자신

이 얼마나 걱정이 많은 성격인지 설문을 작성하게 하고, 한편으로는 그들의 실무 능력을 조사했다. 참고로 실무 평가는 상사에게 그들의 일하는 태도에 대해 점수를 매겨달라고 부탁한 것이라 자신이 평가할 수 없었다. 본인이 '나는 일을 얼마나 잘하는가'에 대한 주관적인 평가가 아니라 남들이 보는 객관적인 평가였다.

퍼킨스의 조사에 따르면, 스스로 걱정이 많다고 생각하는 사람일수록 이상하게도 실무 평가가 높았다고 한다. 상사뿐만 아니라 주변 동료들 역시 그들의 업무 태도를 매우 높이 평가했다.

걱정이 많은 사람은 모든 일의 앞을 내다보고 움직인다. 상사가 자료를 찾을 때는 "여기 준비해뒀습니다"라며 필요한 자료를 내미는 그런 사람들 말이다. 세세한 부분까지 생각을 하는 그들의 능력 덕분에 업무 태도에서 높은 평가를 받는 것이다.

한마디로 말해, 걱정이 많은 사람들은 센스가 있는 사람들이다. 눈치가 빠르고 꼼꼼하게 일한다.

걱정이 많기 때문에 자잘한 부분도 신경이 쓰여서 참을 수 없다. 이 또한 업무 태도를 좋게 하는 장점으로 작용한다.

예를 들어 '회의실을 예약해달라'고 상사가 부탁했을 때, 걱정이 많은 사람은 다른 사람과 예약 일정이 겹치지 않는지 재차 확인한다. 혹시라도 다른 사람과 예약이 겹쳐 회의실을 제때 쓰지 못하는 사태를 미연에 방지할 수 있다. 또 회의가 시작되기 전에는 먼저 의자를 정리해놓거나 회의 자료를 정리해놓는다. 걱정이 많은 탓에 사소한 부분까지 세심하게 챙길 수 있다.

당사자는 자신의 성격이 피곤하게 느껴질지도 모르지만 결과적으로 그렇게 행동하기 때문에 '일을 잘하는 사람'이 될 수 있다.

퍼킨스의 말이 맞다. 걱정이 많을수록 마지막에 웃을 수 있다. 소심하고 온갖 것에 신경 쓰는 예민한 사람이 아닌 이상 세세한 부분까지 좀처럼 생각할 수 없다.

> **Check!**
>
> **세세한 부분까지 집착하는 태도가 일에 효과적이다!**

'망각은 최고의 선물'이라는 말을 명심하라

일반적으로 '잘 잊어버리는 것'은 결점으로 취급된다. 다른 사람과 한 약속을 잊거나 상대방의 이름을 잊어버리는 것은 확실히 무례하기 짝이 없다. 기억력이 좋지 않은 사람은 자신의 단점을 어떻게든 고치고 싶어 한다. 새로운 지식을 배워도 좀처럼 기억해내지 못한다면, 학업에서나 일에서나 성공하기 어려울 테니 말이다. 그래서 기억력을 높이는 방법에 대한 책을 읽거나 훈련을 하기도 한다.

그러나 잘 잊어버리는 성격에도 좋은 점이 있다.

고통스러운 기억에 영원히 시달리지 않아도 된다는 점이다.

'망각은 최고의 선물'이라는 말을 들어보았는가.

영국에 있는 배스대학교의 바스 버플랭큰Bas Verplanken 교수
는 모든 일의 기억을 남겨놓거나 늘 생각하는 습관은 결코
본인에게 유익하지 않다고 설명했다.

그의 연구 결과에 따르면, 고통스러운 일을 빨리 잊을수
록 건강에 나쁜 영향을 미치지 않는다고 한다. 고통스러운
기억이 오래 남으면 남을수록 실제로 건강을 해치게 되는
것이다.

예를 들어 어떤 사람 때문에 불쾌한 감정을 느꼈다고 하
자. 잘 잊어버리는 사람은 다음 날 기분 나쁜 일을 당했던
사실을 까맣게 잊어버려서 기분 좋게 하루를 시작한다. 반
면에 잘 잊어버리지 못하는 사람은 다음 날, 그 다음날이
돼도 억울한 마음과 분노가 사그라지지 않는다.

잘 잊어버리는 사람은 매사에 집착하지 않으며, 언제까
지나 집요하게 남을 원망하지 않고 재빨리 물에 흘려보낼
수 있는 사람이기도 하다. 그런 유연한 태도가 잘 잊어버리
는 사람의 좋은 점이다.

참고로 일기를 쓰지 않는 사람의 마음이 건강하다는 데

이터도 있다.

스코틀랜드에 있는 글래스고칼레도니언대학교 일레인
던컨Elaine Duncan 박사는 조사를 통해 일기를 쓰는 습관이 있
는 사람이 불안을 잘 느끼고 불면증에 시달리는 경우도 많
다는 사실을 밝혀냈다.

일기를 쓰는 사람 중 66퍼센트는 오래된 일기를 버리지
않고 보관하는 습관이 있었고, 그중 89퍼센트는 오래된 일
기를 때때로 다시 읽었다. 오래된 일기를 읽을 때마다 괴로
운 기억이 생각나는 탓에 마음의 건강을 해친다는 것이 던
컨의 분석이다.

일기를 쓰고 싶다면 기분 나쁜 일보다 오히려 미래를 위
한 긍정적인 꿈에 대해 쓰는 편이 좋다.

그렇지만 되도록 오래된 일기는 함부로 다시 읽지 않는
것이 좋다. 일기 쓰기의 요령쯤으로 기억해두자.

자존심이 너무 센 사람은
주위에 두지 말 것!

폭력을 휘두르는 사람의 특징이 따로 있을까?

그런 사람을 미리 구분해낼 수 있으면 참 좋을텐데 말이다.

아마도 많은 사람들이 자존심이 없는 사람일수록 폭력적인 성향이 있고 범죄에 손대기 쉽다고 생각할 것이다. 입시 실패를 경험하거나, 일이 순조롭게 진행되지 않거나, 사회에 적응하지 못한 사람이 범죄를 저지르는 경우가 많기 때문이다. 하지만 실험에 의해 밝혀진 결과는 우리가 알고 있던 그 논리와 반대다.

미국 케이스웨스턴리저브대학교 로이 바우마이스터Roy F. Baumeister 박사는 폭력이나 범죄는 자아가 위협당한 결과

로 발생하며, 남에게 무시당해서 자아가 상처 입었다고
느낀 사람이 자존심을 회복하기 위해서 폭력적이 된다고
말했다.

그런 면에서 원래부터 자존심이 낮은 사람은 다른 사람
에게 무시당하는 일이 있더라도 자존심이 더 떨어지는 일
이 없다. 그렇기 때문에 엄청난 분노에 휩싸이지도 않는다.
그러나 자신에 대한 긍지가 높고 자존심이 센 사람들은 약

나쁜 감정을 삶의 무기로 바꾸는 기술

간만 무시당해도 금방 불같이 화를 낸다는 것이 바우마이스터의 분석이다.

그러고 보니 최근 들어 엘리트 정치가가 비서에게 폭언을 퍼부었다느니 폭행을 했다느니 하는 뉴스가 많아진 듯하다. 명문대를 졸업해서 자존심이 높아진 사람은 아주 사소한 일이라도 자존심에 상처를 입었다고 느낀다. 그리고 그것을 용납하지 못하고 주위 사람에게 화풀이를 한다.

'왜 그런 일로 화를 내는 거지?'라고 생각되는 부분에서 화를 내는 것이 높은 자존심의 폐해다.

회사에서도 마찬가지다. 간부나 경영자들 중에 말도 안 되게 하찮은 일로 화내는 사람이 많다. 그들은 자신이 대단한 사람이라고 철석같이 믿어서 그만큼 자존심이 세다. 그래서 상대방을 아주 잠깐 기다렸다거나, 자신보다 먼저 다른 사람에게 음료가 나왔다거나 하는 별것도 아닌 일에 쉽게 화를 낸다.

반대로 자존심이 낮아서 자신감이 별로 없는 사람은 남

들보다 조금 더 기다려도, 생각한 대로 일이 안 풀려도 '뭐 어쩔 수 없지'라며 넘길 수 있다.

이렇듯 자존심이 낮아 고민인 사람들도 그만큼 화를 내는 일이 적으니 날마다 평온하게 보낼 수 있다는 이점이 있다고 말해주고 싶다.

> **Check!**
>
> **자존심이 지나치게 세면 아량을 베풀지 못한다.**

나쁜 감정을 삶의 무기로 바꾸는 기술

자기주장만 내세우지 않고도
상대를 움직이는 방법

하고 싶은 말이 있어도 자기도 모르게 입을 다물고 자기주장을 못하는 사람이 있다.

요시다 겐코吉田兼好는 그의 책《도연초》에서 '생각한 것을 말하지 못하면 속이 더부룩해지는 기분이 든다'고 말했다. 하고 싶은 말을 참으면 너무 짜증이 나서 속이 불편하기까지 하다는 뜻이다.

하고 싶은 말을 못하는 사람은 '좀 더 내 생각을 강하게 말할 수 있으면 좋을 텐데'라고 고민하는 경우가 많다. 회의 시간에도 자신의 주장을 고집하지 못하고 후회하는 경우가 있을지도 모른다. 하지만 하고 싶은 말이 있어도 참을 줄 알며 자신을 낮출 수 있는 자세는 굉장한 장점이다. 때와 장소를 가려 언제든지 조심스럽게 행동할 수 있는 것은 인간으로서의 미덕이라고 할 수도 있다.

보통 자기주장이 센 사람들이 리더로 뽑히곤 한다.

그런데 과연 그런 사람들이 정말 다른 사람들을 이끌 만한 사람일까? 고집이 셀수록 성공하는 걸까?

절대 그렇지 않다.

미국 필라델피아주에 있는 드렉셀대학교의 크리스천 레식Christian Resick 교수는 1903년부터 2002년까지 약 100년 동안의 메이저리그 CEO에 대한 기록을 조사했다. 팀의 오너들은 도대체 어떤 성격이었을까?

예상이 가겠지만 대부분의 오너들은 매우 고집이 센 타입이었다. 경쟁적이고 오기가 세서 절대로 타협하지 않는 유형이 많았다. 그렇지만 그런 사람이 CEO를 맡자, 매니저든 선수든 쉽게 관두고 결과적으로 팀의 승률도 떨어진다는 사실이 밝혀졌다. 구단의 이익이 오르거나 구장을 찾는 팬 수는 늘어날지언정 팀 분위기는 최악으로 치달았다.

반면 조심스러운 타입이 CEO를 맡았을 때는 반대 현상이 나타났다. 그 밑에서 일하는 매니저나 선수들이 그만두

는 법도 없었고, 팀 분위기 또한 좋았으며, 승률 역시 올라
갔다.

멀리서 예시를 찾을 것도 없다. 어린 시절에 들었던 이솝
우화《북풍과 태양》을 떠올려보자.

힘겨루기를 하던 북풍과 태양이 지나가는 나그네의 코
트를 먼저 벗긴 쪽이 이기는 것으로 결정했다. 먼저 북풍이
강풍으로 나그네의 옷을 날려버리려 했다. 그러나 나그네
는 바람이 강하게 불면 불수록 더욱 단단히 옷을 여미었다.
다음으로 태양이 따뜻한 햇볕을 내렸다. 그러자 조금씩 열
이 오른 나그네가 옷을 하나씩 벗었다. 이 이야기는 무리하
게 강요하는 것보다는 부드럽게 설득하는 편이 상대를 움
직인다는 내용이다.

고집이 약하고 하고 싶은 말을 못하는 조심스러운 사람
은 자신을 태양이라고 생각하면 된다. 그런 사람은 절대로
억지를 부리지 않는다.

고집이 센 사람은 자신의 의견을 끝까지 밀고 나가기 위
해, 자신을 따르지 않는 사람을 무조건 질책하거나 위협하

는 등 협박처럼 보이는 방법을 택하기도 한다. 하지만 그렇게 해서는 상대방의 마음이 차갑게 굳어져서 절대 자신의 생각대로 움직여주지 않을 것이다.

개인적으로 미국의 도널드 트럼프 대통령은 확실히 리더십이 있을지 모르겠지만 딱히 좋아 보이지 않는다. 자신이 하고 싶은 말을 강하게 주장하면 할수록 상대의 마음은 그 주장과 반대로 움직일 것이다.

Check!

가치관을 강요하지 않아야 상대방도 순순히 따라온다.

하버드가 밝혀낸
창조적인 사람의 치명적 단점

새로운 디자인이나 상품, 계획 등을 만들어낼 수 있는 사람을 '창조적인' 사람이라고 부른다. 언제나 번뜩이는 아이디어가 넘쳐나는 사람들. 요즘 사회에서는 누구나 창조적인 사람이 되고 싶어 한다.

그런데 요즘들어 창조성이 지나치게 과대평가받고 있다는 느낌이 드는 것은 과연 나뿐일까?

누구나 독창적인 아이디어를 만들어내야 할까?

나는 대부분의 사람에게는 그런 능력이 없어도 괜찮다고 생각한다.

실제로 나는 독창성을 눈곱만큼도 찾아볼 수 없는 사람

이라서, 혁신적인 아이디어를 떠올리지 못하는 것은 물론 때로는 진부한 생각에 얽매이기도 한다. 하지만 그 때문에 곤란한 적은 평생을 살면서 단 한 번도 없었다. 나를 포함해서 매우 평범하게 생활하는 사람에게는 창조성이 꼭 필요한 것도 아닌 것 같은데, 여러분은 어떻게 생각하는가?

상상력이 없다, 독창성이 없다, 창조적이지 않다고 고민하는 사람이 사실은 성실하고 정직한 성격을 갖고 있다는 데이터도 있다.

미국 하버드대학교의 프란체스카 지노Francesca Gino 교수의 말에 따르면 창조적인 사람은 불성실하고 정직하지 못하며 약은 사람이 많다고 한다.

'규칙에 얽매이지 않는 발상을 한다', '상식을 깬다'라는 말은 멋있기는 하지만 그런 사람은 자신의 아이디어에 매몰된 나머지 자기중심적으로 행동할 수도 있다. 상식 밖의 행동을 한다든가, 다른 사람의 의견은 은근히 무시한다든가 말이다.

창조적인 사람이 많이 하는 실수가 '이기면 충신, 지면 역적'이라는 생각으로, 어떻게 해서든 결과만 좋으면 그만이라는 것이다. 그래서 가끔은 약은 꼼수를 쓰기도 한다.

한편 혁신적인 생각을 하지 못해 고민하는 사람들은 대체로 자신의 상식을 의심하지 않는 사람이다. 그런 사람은 이미 존재하는 규칙을 지키려고 한다. 그래서 성실하고 정직하며 의리가 있는 편이다.

나는 '옛것을 버리자', '뭔가 혁신적인 것을 하자'는 사람을 보면 마음속 어딘가에 교활한 부분이 있다는 생각이 든다.

현대사회에서는 창조적인 것을 조금 지나치게 과대평가하는 듯하다. 창조적이지 않아도 현실적으로는 곤란한 일이 딱히 없다. 창의적이지 않은 사람들은 성격적으로 봐도 우직하고 성실한 사람일 것이다. 그러니 독창성이 없다고 콤플렉스를 느끼지 말고 좀 더 가슴을 펴도 좋다.

Check!

정직한 타입인 사람은 일부러 독창성을 연마하지 않아도 된다.

무엇이든
빨리하는 것이 능사는 아니다

물리를 공부하는 학생과 물리를 가르치는 교수에게 각각 물리학 문제를 주고 풀이하는 방법을 조사했다.

문제가 주어지자 학생은 즉시 풀기 시작했다. 일단 생각나는 방법을 총동원해서 문제를 풀려고 시도했다. 그런데 교수는 좀처럼 문제에 손을 대지 않았다. 잠시 생각한 뒤 가장 적합한 해법을 찾아서 단번에 풀어내려고 한 것이다.

'해야 할 일은 최대한 빨리 시작하는 편이 좋다'는 말이 있지만 경우에 따라 다르다. 굳이 시행착오가 필요하지 않을 때 무작정 달려드는 것은 효율성이 떨어진다.

일을 늦게 시작하는 사람은 보다 효율적으로 일을 진행할 수 있다. 빨리하려고 하면 아무래도 계획 없이 쓸데없는 행동도 늘어나기 때문이다.

일을 시작하기 전까지는 시간이 걸릴 수 있지만 확실히 순서를 정한 뒤에, 즉 의도적으로 늦춰야 오히려 일이 빨리 정리되는 경우도 종종 있는 법이다. '계획 세우기 귀찮아. 일단 닥치는 대로 하자'라고 생각하는 사람은 결국 시간만 허비하고 해결하지 못할 것이다.

미국 컬럼비아대학교의 안젤라 슈Angela Chu 교수 역시 단순히 의욕이 없어서 일을 늦게 시작하는 것은 안 되지만, 의도적이고 적극적으로 늦추는 것을 좋아하는 타입은 계획적이고 일을 잘하는 사람이라고 설명했다.

뭐든지 빨리 처리한다고 능사는 아니다. 주어진 시간의 80퍼센트를 계획과 시뮬레이션에 사용하고 실제로 행동하는 시간은 20퍼센트밖에 남지 않았더라도, 계획에 시간을 들여야 성공한다. 일은 그런 것이다. 완벽한 사전 준비 없이 갑자기 실전에 뛰어든다면 대체로 도중에 실패한다.

"일단 움직여!"
"망설이지 마! 무조건 행동해!"

물론 이렇게 말하는 게 시원시원하고 멋져 보인다. 하지만 그렇지 않은 경우도 있으니 매번 귀 기울여 들을 필요가 없다. 시작이 늦다고 불평을 들어도, 제대로 준비가 갖춰지기 전까지는 기다리는 편이 좋다.

책을 집필할 때도 똑같아서 '일단 뭐든 써볼까?'라고 생각해서 쓰기 시작하면 나중에 엄청 고생한다. 나는 몇 번이나 그렇게 했다가 낭패를 본 탓에 최근에는 아무 준비 없이는 절대로 글을 쓰지 않는다.

자료를 많이 읽고 충분한 소재가 모이기 전까지 참아야 결국에는 한번에 다 쓸 수 있다. 역시 준비가 가장 중요하다.

Check!

계획을 확실히 세운 후에 행동해야 고생 없이 성공한다.

나쁜 감정을 삶의 무기로 바꾸는 기술

붙임성 없는 사람은
지적으로 보인다

자주 웃는 사람은 훨씬 더 매력적이고 유능해 보이며 쉽게 친해진다고 생각하기 쉽다. 그래서 '대인관계에서는 웃는 얼굴이 중요하다'라고 강조하는 것이다. 확실히 웃는 얼굴이 중요하다는 데이터는 얼마든지 있다. 그런데 아무리 해도 웃는 얼굴을 만들기가 고역이거나 살갑게 굴지 못하는 사람이 꽤 많다. 이런 사람들은 정말로 손해만 볼까?

폴란드 사이언스아카데미의 쿠바 크리스Kuba Krys 교수는 언제나 방긋방긋 미소 짓지 않고 무뚝뚝한 표정을 지어도 나쁜 평가를 받지 않는 나라나 문화권이 존재하지 않을까 생각했다.

이를테면 일본을 예로 들 수 있다. 일본에서는 '3년에 한

번, 한쪽 얼굴로만 웃어라'라는 말이 있다. 아주 가끔씩 그 것도 한쪽 입꼬리만 조금 히죽거리는 정도로 웃으면 충분하다는 것이다. 생글생글 웃으면 위엄이 사라지기 때문에 오히려 웃지 않는 편이 좋다는 문화의 나라는 일본 외에도 많다.

크리스는 44개국의 각기 다른 문화권의 사람들 약 4,500명을 조사했다. 웃는 얼굴 사진 4장과 무표정한 얼굴 사진 4장을 보여주고 각각 어떤 느낌이 드는지 조사했다.

그 결과, 44개국 중 18개국에서는 '웃는 얼굴이 지적으로 보인다'라고 대답했다. 반면에 일본, 인도, 이란, 러시아, 프랑스 등의 나라에서는 웃는 얼굴을 보여주자 '지적이지 않다'라는 대답이 많았다. 심지어 '웃는 얼굴이 바보처럼 보인다'는 대답도 있었다.

그러니 처음 질문했던 '잘 웃지 못하는 사람은 언제나 손해만 볼까?'라는 질문의 대답은 '그렇지만도 않다'이다. 때로는 웃지 않고 가만히 있어야 지적으로 보여서 이득을 얻는다.

웃음이 부정적인 평가로 이어질 때도 있다. 예를 들어 군대에서 웃음은 부정적으로 생각된다.

독일에 있는 마르부르크대학교의 울리히 뮐러Ulrich Mueller 박사는 사관후보생 졸업앨범 사진을 분석해서 싱글벙글 웃는 얼굴과 무표정하게 찍힌 얼굴을 골라냈다. 20년 후, 군대에서의 계급을 조사해보니 무표정하게 찍힌 사람일수록 상위 계급이었고 출세했음을 알 수 있었다.

뮐러는 이 결과에 대해 웃는 얼굴을 보여주면 다른 사람에게 좋은 인상을 줄 수 있어도 위엄을 잃기 때문일 것이라고 분석했다.

웃는 얼굴을 보여주는 것이 좋을 때가 많지만 '나한테는 아무래도 무리야'라고 한다면, 스트레스를 받아가며 붙임성 있게 행동할 필요는 없다. 무뚝뚝한 얼굴이 오히려 당신을 지적이고 위엄 있는 인상으로 만들어줄 수도 있기 때문이다.

> **Check!**
>
> 어색한 미소를 지을 바에야 차라리 무표정한 얼굴로
> 자신의 일에 충실히 임하는 편이 현실적으로 유용할 수 있다.

세상에서 가장
효과적인 '주눅 방지책'

우리는 무엇이든 즉시 비교하고 싶어 한다. 비교는 인간의 타고난 본능인 것일까?

백 평짜리 넓은 집에 살고 나름대로 만족하는 사람이라 해도 자신의 친구가 천 평짜리 호화주택을 짓게 되면 배가 아프다. 지금 받고 있는 연봉에 크게 불만이 없었다가도 다른 친구들이 모두 자신보다 훨씬 높은 연봉을 받고 있다는 사실을 알게 되면 갑자기 속상하다.

이처럼 우리는 온갖 크고 작은 일을 비교하며 행복과 불행을 느낀다. 다시 말해, 행복감은 어디까지나 상대적인 것이다.

늘 행복하게 지내는 요령은 '나보다 아래'인 사람과 자신을 비교하는 것이다. 그다지 도덕적인 방법은 아니지만, 아무리 심각한 형편에 처해도 '그와 비교하면 나는 훨씬 나은 편이지'라고 생각할 수 있는 사람과 자신을 비교하면 조금은 행복을 느낄 수 있다.

물론 상대방을 얕보거나 동정하는 것을 상대가 절대로 알면 안 된다. 하지만 마음속으로 몰래 행복을 느끼는 정도는 괜찮지 않을까?

캐나다에 있는 서니브룩 헬스사이언스센터의 이사벨 바우어Isabelle Bauer와 컨커디어대학교의 칼 로쉬Cal Rosh 박사는 '비교와 부정적인 감정'의 상관관계에 대한 연구를 조사했다.

실험은 18세부터 35세까지의 56명과 60세 이상의 48명으로 진행되었다. 실험 결과, 자신보다 아래인 사람과 비교하는 경향이 있는 사람일수록 인생에서 후회하는 일이 있을 때에도 그리 부정적인 감정을 느끼지 않는다는 사실이 밝혀졌다. 이는 젊은 사람이든 나이 든 사람이든 마찬가지였다.

에를 들어 1지망 대학에 입학하지 못하고 2지망 대학에 들어가게 되었다고 해도, '재수를 선택할 수밖에 없는 녀석에 비하면 운이 좋다'고 생각하면 그다지 괴롭지도 않다. 일의 결과가 좋지 않아 월급이 동결되거나 진급에서 누락됐을 때에도 '월급이 줄거나 빚을 진 사람에 비하면 대수롭지 않은 일이지'라고 생각하는 버릇이 있다면, 언제 어디서나 행복하게 지낼 수 있다.

나보다 상황이 좋지 않은 사람과 비교해서 안도감과 행복을 얻는 것은 도덕적으로 보면 나쁜 행동일지 모른다. 하지만 그렇게 해서 평온한 마음을 회복할 수 있다는 점에서 보면 세상에서 가장 효과적인 '주눅 방지책'이라고 할 수 있다.

Check!

주눅 들 것 같을 때는 나보다 힘든 형편에 처한 사람과 비교해 보자.
물론 마음속으로만!

때로는 적절한
거짓말이 필요하다

우리는 어릴 때부터 '거짓말은 하면 안 된다'라는 교육을 받고 자란다. 그래서 상황에 상관없이 거짓말은 무조건 나쁜 것처럼 믿게 된다. 정말 거짓말을 하는 것이 그렇게나 나쁜 일일까? 절대, 언제 어디서도 하면 안 되는 그런 것일까?

나는 그렇지 않다고 본다. 사회생활을 하다 보면 거짓말을 해야 하는 상황은 지천으로 널렸다. 아무 때나 속마음을 드러내면 이 세상을 살아갈 수 있을 리 없다.

예를 들어 직장에서 회식 자리에 참석했을 때 지루하다고 해서 "재미없어서 먼저 들어가 보겠습니다"라고 솔직히 말하면 어떻게 될까? 아마 다음 날부터 이상한 사람으로 찍혀서 아무도 당신을 상대해주지 않을 것이다. 이럴 때에는 "집에 일이 좀 있어서 먼저 실례하겠습니다"라고 적당한 거짓말로 둘러대고 돌아가도 좋다. 이런 거짓말은 해도 아무런 문제가 없다.

지나칠 정도로 정직한 성격이라 늘 속마음을 숨김없이 터놓으면 상대방도 버거워한다. 그렇기에 속마음을 적절히 숨겨서 거짓말을 해야 할 때도 있는 것이다. 악의가 없는 '하얀 거짓말'은 일종의 사교 기술이다.

미국 캘리포니아 주립대학교의 로널드 리지오Ronald E. Riggio 교수는 대학생 38명에게 대인관계의 기술을 측정하는 테스트를 실시하는 한편, 그들이 얼마나 거짓말을 능숙하게 하는지 조사했다.

실험 결과 거짓말을 능숙하게 하는 사람(판정자가 거짓말이라고 간파하지 못한 사람)일수록 대인관계 기술을 측정하는 테스트에서도 고득점을 얻었다. 거짓말쟁이일수록 대인관계도 좋다는 뜻이다.

대부분의 선량한 사람들은 거짓말을 할 때마다 일일이 죄책감을 느껴 힘들어할 수도 있다.

'아, 또 거짓말을 해버렸어'라며 울적해하는 사람도 있을 것이다. 그러나 거짓말을 하는 것은 대인관계에서도 꼭 필요한 필수 기술이므로 그렇게 고민할 필요도 없다. 오히려 거짓말을 능숙하게 해내는 기술을 자랑스럽게 생각해도 괜찮다.

Check!

대인관계가 좋은 사람은 거짓말을 능숙하게 한다.

6장

상처가 되어버린 트라우마 활용법

사회불안이
인연을 단단하게 만든다

세계적으로 테러 위협이 높아지면서 사회적으로 불안이 만연하다.

물론 사회는 아무 문제도 없이 평화로워야 좋다. 누구나 안심하고 살아갈 수 있는 세상이 환영받는 것은 당연한 일이다. 하지만 복잡하게 얽혀 있는 국제 문제를 간단히 해결할 수도 없는 노릇이다. 그렇기에 사회 불안은 피할 수 없는 현상이다.

그렇다면 사회 불안이 주는 긍정적인 영향을 찾아보는 것은 어떨까? 사회 불안은 정말 아무런 이익이 없을까? 곰곰이 생각해보면 꼭 그런 것도 아니다.

사회 불안이 고조되면 우리는 서로 다른 사람에게 기대

고 싶은 마음이 강해진다. 즉 유대감이 강화되는 것이다.

사회가 평화롭기만 하다면 사람은 혼자서라도 살 수 있다. 누군가에게 기댈 필요도 없다. 다른 사람과 관계를 맺지 않아도 아무 문제 없다. 오히려 사람과 인연을 맺는 것이 귀찮다는 생각까지 한다. 그러니까 사회가 평화로우면 인간관계는 소원해진다고 할 수 있다. 힘을 합쳐서 뭔가를 해내려고 하는 마음이 들지 않기 때문이다. 그렇기에 평화로운 시대는 어딘지 모르게 냉정함이 느껴진다.

아무런 일도 없는 일상에서 이웃사람과 서로 인사한 적이 있는가? 대부분의 사람은 평화로울 때에는 이웃과 인사조차 하지 않을 것이다. 그러나 지진이 일어나거나 폭설이 내리기라도 하면 "아이고, 정말 큰일이네요"라며 말을 주고받거나 서로 힘을 합쳐 뭔가를 해보려고 노력한다.

그런 의미에서는 사회 불안 역시 조금은 긍정적인 역할을 하고 있다고 할 수 있다.

미국 루이지애나 주립대학교의 토냐 한셀Tonya Hansel 교수는 '불안이 사람의 인연을 단단하게 한다'라는 가설을 세웠다. 그러고는 2001년 9월 11일에 발생한 테러 사건부터

2005년까지 뉴욕주의 모든 이혼 통계자료를 분석했다. 동시에 1991년부터 테러 발생까지 10년 동안의 이혼율도 조사했다.

결과는 놀라웠다. 테러가 일어난 직후인 2002년 이혼율이 10년간의 이혼율에 비해 무려 25퍼센트나 감소했던 것이다. 2003년부터 2005년까지는 놀랍게도 37.5퍼센트나 줄었다고 한다. 불안을 조장하는 커다란 사건이 일어날 때면 서로에게 기대고 싶다는 마음이 강해져서 쉽게 이혼하지 않았다.

불안한 상황에 닥치면, 평화로울 때와 비교해서 서로 돕고 의지하려는 마음이 강해진다. 실제로 전쟁을 경험한 사람들이 나이가 들었을 때, 비참한 상황이었음이 분명한데도 '그 시대도 그리 나쁘지만은 않았다'라고 회고하는 노인들도 있었다.

Check!
마음이 불안해지면 타인의 친절함이 뼈저리게 느껴진다.

　나쁜 감정을 삶의 무기로 바꾸는 기술

아무리 깊은 상처라도
다시 일어설 수 있다

비참한 경험은 누구에게나 트라우마가 된다.

당연히 '가능하면 겪고 싶지 않다'라고 생각하지만, 그렇다고 해서 그때의 경험이 당신의 인생에서 아무런 도움이 되지 않는 것은 아니다. 받아들이는 방법에 따라 다르다. 어떤 경험이든 받아들이는 방법에 따라 긍정적인 면을 찾아낼 수 있다.

미국 퍼모나칼리지의 수잔 톰슨Susan Thompson 교수는 캘리포니아주 애너하임에서 발생한 화재 피해자를 대상으로 각각 화재 직후와 1년 후의 마음 상태를 조사했다. 그 결과, 화재 직후에는 '앞으로 어떻게 살아가지'라는 불안과 절망감이 컸지만, 1년이라는 시간이 흐른 뒤에는 여러 가지 장점을 느끼는 사람이 많았다.

어떤 사람은 '가족에게 일체감이 생겼다'고 했다. 화재에 휩쓸리며 그 전에는 몰랐던 가족의 일체감을 느낄 수 있어서 감사하다고 말했다.

'주위 사람들의 따뜻함을 알았다'라고 답한 사람도 있었다. 그들은 친구와 이웃들의 친절에 고마움을 느끼게 됐고 인간관계의 중요성을 배웠다고 덧붙였다.

또한 '인생의 소중함을 깨달았다'라는 대답도 있었다. 멍하니 사는 동안에는 인생의 가치를 깨닫지 못했지만 화재에 휩쓸린 덕분에 자신의 인생을 되돌아볼 수 있었다고 한다.

확실히 화재에 휩쓸리는 것은 끔찍한 일이다. 가능하다면 안 겪는 편이 좋고, 피할 수 있다면 당연히 피하는 것이 좋다. 그러나 그런 사태에 휩쓸렸을 때 사람은 반드시 절망으로 재기 불능 상태가 될까? 그렇지도 않다.

인간의 가장 큰 강점은 아무리 비참한 경험을 해도 어떻게든 다시 일어날 수 있다는 점이다.

집이 전소되어 어느 날 갑자기 살 곳이 없어지는 것은 슬픈 일이다.

하지만 판잣집 같은 장소에서 가족이 함께 머물게 되었다고 해도 '자, 이제부터 가족이 함께 협력해서 어떻게든 힘내자!'라는 일체감이 생겨서 가족이 하나로 뭉칠 기회가 될 수도 있다.

사람은 생각보다 그렇게 나약한 존재가 아니다.

아무리 비참한 경험을 했다고 해도, 받아들이는 방식을 바꾼다면 얼마든지 극복할 수 있는 힘을 갖고 있다.

Check!

힘든 형편에 처할 때야말로 소중한 것을 깨달을 수 있다.

당신은 아무것도
바꿀 필요 없다

'약점'이라고 생각해온 것이 사실은 엄청난 '힘'을 지니고 있지 않을까? 약점이라고 인식하던 것이 관점을 바꾸면 자신에게 매우 유용한 경우도 있지 않을까?

이런 생각으로 이 책을 썼다.

책을 읽다 보면 독자 여러분이 콤플렉스로 느끼는 부분도 다시 살펴보면 훌륭한 미덕이라는 점을 이해할 수 있을 것이다. 이번 책은 특히 다양한 사례들을 찾기 위해 공을 들였다. 나는 여러분이 지금까지 부정적으로 받아들였던 것을 최대한 긍정적으로 뒤집어서 생각할 수 있도록 만들고 싶었다. 그래서 심리학 데이터와 전 세계의 여러 사례들을 근거로 삼아 어렵지 않게 설명했는데, 조금은 도움이 되었는가?

이 책을 읽고 독자 여러분의 마음이 조금이라도 가벼워진다면 보람이 있을 것이다. '다행이야! 나는 줄곧 콤플렉스라고 생각했는데, 사실은 이렇게 많은 장점이 있었구나!' 독자 여러분이 이런 식으로 느낀다면 저자로서는 기대 이상의 행복이다.

모든 일에는 장점과 단점이 있다.
절대 선이나 절대 악이라는 것은 좀처럼 볼 수 없다.
자신이 '소심하다'고 생각했던 성격이 실제로는 '겸손함'이나 '위기관리 능력'으로 이어진다는 것을 알게 되면 자신의 '소심함'도 조금은 사랑스럽게 받아들일 수 있지 않을까?

마음이 울적해질 것 같을 때, 스트레스가 많을 때 이 책을 반복해서 읽어보기 바란다. 그때마다 마음의 힘을 되찾을 수 있을 것이다.

인간인 이상 이런저런 고민은 끝이 없겠지만 나와 당신, 우리 모두 함께 열심히 노력하자.

마지막으로 지금까지 계속 함께해준 독자 여러분에게 감사 인사를 드리고 싶다. 책을 읽는 도중에 내팽개치지 않고 이렇게 끝까지 읽어주어 정말 고맙다. 그럼 또 다른 책으로 다시 만나기를 바라며.

나이토 요시히토

· Baker, S. L., & Kirsch, I. 1991 Cognitive mediators of pain perception and tolerance. Journal of Personality and Social Psychology ,61, 504-510.

· Bauer, I., & Wrosch, C. 2011 Making up for lost opportunities: The protective role of downward social comparisons for coping with regrets across adulthood. Personality and Social Psychology Bulletin ,37, 215-228.

· Baumeister, R. F., Smart, L., & Boden, J. M. 1996 Relation of threatened egotism to violence and aggression: The dark side of high self-esteem. Psychological Review,103, 5-33.

· Baumeister, R. F., & Tice, D. M. 1985 Self-esteem and responses to success and failure: Subsequent performance and intrinsic motivation. Journal of Personality,53,450-467.

· Bonanno, G. A. 2004 Loss, trauma, and human resilience:Have we underestimated the human capacity to thrive after extremely. American Psychologist ,59, 20-28.

· Brandstatter, E., & Schwarzenberger, H. 2001 Beyond the gambling paradigm: Internal controllability in decision making. Psychological Reports ,89, 259-266.

· Britt, D. M., Cohen, L. M., Collins, F. L., & Cohen, M. L. 2001 Cigarette smoking and chewing gum: Responses to a laboratory-induced stressor. Health Psychology ,20,361-368.

· Burak, L. J., Rosenthal, M., & Richardson, K. 2013 Examining attitudes, beliefs, and intentions regarding the use of exercise as punishment in physical education and sport: An application of the theory of reasoned action. Journal of Applied Social Psychology ,43, 1436-1445.

· Carlsmith, J. M., & Gross, A. E. 1969 Some effects of guilt on compliance. Journal of Personality and Social Psychology ,11, 232-239.

· Carton, A. M., & Aiello, J. R. 2009 Control and anticipation of social interruptions: Reduced stress and improved task performance. Journal of Applied Social Psychology ,39, 169-185.

· Chu, A. H. C., & Choi, J. N. 2005 Rethinking procrastination: Positive effects of "active" procrastination behavior on attitude and performance. Journal of Social Psychology ,145, 245-264.

· Dillard, A. J., Midboe, A. M., & Klein, W. M. P. 2009 The dark side of optimism: Unrealistic optimism about problems with alcohol predicts subsequent negative event experiences. Personality and Social Psychology Bulletin ,35, 1540-1550.

· DiPaula, A., & Campbell, J. D. 2002 Self-esteem and persistence in the face of failure. Journal of Personality and Social Psychology ,83, 711-724.

· Duckworth, A. L., Peterson, C., Matthews, M. D., & Kelly, D. R. 2007 Grit: Perseverance and passion for long-term goals. Journal of Personality and Social Psychology ,92, 1087-1101.

· Duncan, E., & Sheffield, D. 2008 Diary keeping and well-being.

Psychological Reports ,103, 619-621.

· Felmlee, D. H. 1995 Fatal attractions: Affection and disaffection in intimate relationships. Journal of Social and Personal Relationships ,12, 295-311.

· Fointiat, V., Morisot, V., & Pakuszewski, M. 2008 Effects of past transgressions in an induced hypocrisy paradigm. Psychological Reports ,103, 625-633.

· Frankel, A., & Snyder, M. L. 1978 Poor performance following unsolvable problems: Learned helplessness or egotism? Journal of Personality and Social Psychology ,36,1415-1423.

· Galili, L., Amir, O., & Gilboa-Schechtman, E. 2013 Acoustic properties of dominance and request utterances in social anxiety. Journal of Clinical Psychology ,32, 651-673.

· Gasper, K., & Clore, G. L. 1998 The persistent use of negative affect by anxious individuals to estimate risk. Journal of socialland Personality and Social Psychology ,74, 1350-1363.

· Geers, A. L., Wellman, J. A., & Lassiter, G. D. 2009 Dispositional optimism and engagement: The moderating influence of goal prioritization. Journal of Personality and Social Psychology ,96, 913-932.

· Gino, F., & Ariely, D. 2012 The dark side of creativity: Original thinkers can be more dishonest. Journal of Applied Social Psychology ,102, 445-459.

· Gleason, M. E. J., Iida, M., Shrout, P. E., & Bolger, N. 2008 Deceiving support as a mixed blessing: Evidence for dual effects of support on psychological outcomes. Journal of Personality and Social Psychology ,94, 824-838.

· Halmburger, A., Baumert, A., & Schmitt, M. 2015 Anger as driving factor of moral courage in comparison with guilt and global mood: A multimethod approach. European Journal of Social Psychology ,45, 39-51.

· Hansel, T. C., Nakonezny, P. A., & Rodgers, J. L. 2011 Did divorces decline after the attacks on the world trade center? Journal of Applied Social Psychology ,41, 1680-1700.

· Henagan, S. C., & Bedeian, A. G. 2009 The perils of success in the workplace: Comparison target responses to coworkers' upward comparison threat. Journal of Applied Social Psychology ,39, 2438-2468.

· Impett, E. A., Strachman, A., Finkel, E. J., & Gable, S. L. 2008 Maintaining sexual desire in intimate relationships: The importance of approach goals. Journal of Personality and Social Psychology ,94, 808-823.

· Kalliopuska, M. 2008 Personality variables related to shyness. Psychological Reports ,102, 40-42.

· Kasser, T., & Ryan, R. M. 1993 A dark side of the American dream: Correlates of financial success as a central life aspiration. Journal of Personality and Social Psychology ,65, 410-422.

· Ketelaar, T., & Au, W. T. 2003 The effects of feeling of guilt on the behaviour of uncooperative individuals in repeated social bargaining games: An affect-asinformation interpretation of the role of emotion in social interaction. Cognition and Emotion ,17, 429-453.

· Krys, K. et al. 2016 Be careful where you smile: Culture shapes judgments of intelligence and honesty of smiling individuals. Journal of Nonverbal Behavior ,40,101-116.

· Legrand, F. D., & Apter, M. J. 2004 Why do people perform thrilling activities? A study based on reversal theory. Psychological Reports , 94, 307-313.

· Lord, R. G., DeVader, C. L., & Alliger, G. M. 1986 A meta-analysis of the relation between personality traits and leadership perceptions: An application of validity generalization procedures. Journal of Applied

Psychology ,71, 402-410.

· Martin, J. J., Pamela, A. K., Kulinna, H., & Fahlman, M. 2006 Social physique anxiety and muscularity and appearance cognitions in college men. Sex Roles ,55, 151-158.

· Mathes, E. W. 1986 Jealousy and romantic love: A longitudinal study. Psychological Reports ,58, 885-886.

· Matz, S. C., Gladstone, J. J., & Stillwell, D. 2016 Money buys happiness when spending fits our personality. Psychological Science ,27, 715-725.

· McMillen, C., Zuravin, S., & Rideout, G. 1995 Perceived benefit from child sexual abuse. Journal of Consulting and Clinical Psychology ,63, 1037-1043.

· Moore, R. S. 2005 The sociological impact of attitudes toward smoking: Secondary effects of the demarketing of smoking. Journal of Social Psychology ,145, 703-718.

· Mueller, U., & Mazur, A. 1996 Facial dominance of West Point cadets as a predictor of later military rank. Social Forces ,74, 823-850.

· Muise, A., & Desmarais, S. 2010 Women's perceptions and use of "anti-aging" products. Sex Roles ,63, 126-137.

· Nasco, S. A., & Marsh, K. L. 1999 Gaining control through counterfactual thinking. Personality and Social Psychology Bulletin ,25, 556-568.

· Neal, A. M., & Lemay, E. P. Jr. 2014 How partners' temptation leads to their heightened commitment: The interpersonal regulation of infidelity threats. Journal of Social Personal Relationships ,31, 938-957.

· Paolucci, E. O., & Violato, C. 2004 A meta-analysis of the published research on the affective, cognitive, and behavioral effects of corporal punishment. Journal of Psychology ,138, 197-221.

· Paulhus, D. L. 1998 Interpersonal and intrapsychic adaptiveness of trait selfenhancement: A mixed blessing? Journal of Personality and Social Psychology ,74,1197-1208.

· Perkins, A. M., & Corr, P. J. 2005 Can worriers be winners? The association between worrying and job performance.Personality and Individual Differences ,38,25-31.

· Pines, A., & Aronson, E. 1983 Antecedents, correlates, and consequences of sexual jealousy. Journal of Personality ,51, 108-136.

· Resick, C. J., Whitman, D. S., Weingarden, S. M., & Hiller, N. J. 2009 The brightside and dark side of CEO personality: Examining core self-evaluations, narcissism, transformational leadership, and strategic influence. Journal of Applied Psychology ,94, 1365-1381.

· Riggio, R. E., Tucker, J, & Throckmorton, B. 1987 Social skill and deception ability. Personality and Social Psychology Bulletin ,13, 568-577.

· Robinson, M. D., Johnson, J. T., & Shields, S. A. 1995 On the advantages of modesty: The benefits of a balanced self-presentation. Communication Research ,22, 575-591.

· Sanna, L. J., Chang, E. C., Carter, S. E., & Small, E. M. 2006 The future is now: Prospective temporal self-appraisals among defensive pessimists and optimists. Personality and Social Psychology Bulletin ,32, 727-739.

· Schaumberg, R. L., & Flynn, F. J. 2012 Uneasy lies the head that wears the crown: The link between guilt proneness and leadership. Journal of Personality and Social Psychology ,103, 327-342.

· Sedikides, C., Rudich, E. A., Gregg, A. P., Kumashiro, M., & Rusbult, C. 2004 Are normal narcissists psychologically healthy?: Self-esteem matters. Journal of Personality and Social Psychology ,87, 400-416.

· Shalvi, S., Shenkman, G., Handgraaf, M. J. J., & De Dreu, C. K. W. 2011 The danger of unrealistic optimism: Linking caregivers' perceived ability to help victims of terror with their own secondary traumatic stress. Journal of Applied Social Psychology ,41, 2656-2672.

· Smith, H. H., Goode, C., Balzarini, R., Ryan, D., & Georges, M. 2014 The cost of forgiveness: Observers prefer victims who leave unfaithful romantic partners. European Journal of Social Psychology ,44, 758-773.

· Spitzberg, B. H. 1993 The dialectics of (in)competence. Journal of Social and Personal Relationships ,10, 137-158.

· Thomas, G, Fletcher, G. J. O., & Lange, C. 1997 On line emphathic accuracy in marital interaction. Journal of Personality and Social Psychology ,72, 839-850.

· Thompson, S. C. 1985 Finding positive meaning in a stressful event and coping. Basic and Applied Social Psychology ,6, 279-295.

· Verplanken, B. 2012 When bittersweet turns sour: Adverse effects of nostalgia on habitual worriers. European Journal of Social Psychology ,42, 285-289.

· Voissem, N. H., & Sistrunk, F. 1971 Communication schedule and cooperative game behavior. Journal of Personality and Social Psychology ,19, 160-167.

· Watson, W. E., Minzenmayer, T., & Bowler, M. 2006 Type A personality characteristics and the effect on individual and team academic performance. Journal of Applied Social Psychology ,36, 1110-1128.

· Weisskirch, R. S. 2012 Women's adult romantic attachment style and communication by cell phone with romantic partners. Psychological Reports ,111, 281-288.

· Wiltermuth, S. S., & Cohen, T. R. 2014 " I'd only let you down": Guilt proneness and the avoidance of harmful interdependence. Journal of Personality and Social Psychology ,107, 925-942.

· Wittrock, M. C., & Husek, T. R. 1962 Effect of anxiety upon retention of verbal learning. Psychological Reports ,10, 78.

· Zhang, Y., & Fishbach, A. 2010 Counteracting obstacles with optimistic predictions. Journal of Experimental Psychology: General ,139, 16-31.

나쁜 감정을
삶의 무기로 바꾸는 기술

초판 1쇄 발행 2019년 5월 20일
초판 4쇄 발행 2024년 9월 19일

지은이 나이토 요시히토 **옮긴이** 박재영

발행인 이봉주 **단행본사업본부장** 신동해
디자인 www.this-cover.com
마케팅 최혜진 이인국 **홍보** 반여진 허지호 송임선
국제업무 김은정 김지민 **제작** 정석훈

브랜드 갤리온
주소 경기도 파주시 회동길 20
문의전화 031-956-7208(편집) 031-956-7089(마케팅)
홈페이지 www.wjbooks.co.kr
인스타그램 www.instagram.com/woongjin_readers
페이스북 www.facebook.com/woongjinreaders
블로그 blog.naver.com/wj_booking

발행처 ㈜웅진씽크빅
출판신고 1980년 3월 29일 제406-2007-000046호

한국어판 출판권 ⓒ웅진씽크빅, 2019
ISBN 978-89-01-23113-6 (03190)